江戸の格付事情

安藤優一郎 監修

MdN新書
052

はじめに

「格付《かくづけ》」や「ランキング」を題材とする番組や記事は人々の関心が高く、メディアでも頻繁《ひんぱん》に取り上げられるテーマである。商品を購入する場合も、内容ではなく、ランキングが決め手となることは珍しくない昨今だが、そうした事情は江戸時代にもあてはまる。それだけ、「格付」や「ランキング」には強い関心が持たれた。

江戸時代は前代の戦国時代とは異なり、社会が安定した時代であった。身分や序列を固定することで、徳川将軍をトップとする社会体制が維持された時代だが、完全に固定していたのではない。流動的な側面もあり、町人や農民が大金を叩《はた》いて武士の株を購入し武士になることも、決して夢物語ではなかった。

言い換えると、将軍をトップとする江戸の社会は、現代でもよく耳にする格差社会であった。身分や序列により格付された社会だったが、格付にしても固定したものではない。格付をアップさせようという試みは盛んで、本書でも取り上げる「見立番付《みたてばんづけ》」という名のランキング一覧表は、そんな上昇志向をあおった。皮肉にも身分や序列を崩《くず》す動きにつながり、江戸の格差社会を動揺させる要因となった。

本書では、格付をテーマに江戸の社会を読み解くことで、格差社会の表と裏をわかりやすく紹介していくものである。


江戸時代は幕府という武家政権の時代であった以上、武士の格付が社会の根幹に位置づけられていた。中でも、武家の棟梁《とうりょう》たる将軍と主従関係にある大名や幕臣の格付が基本に据《す》えられたが、第一章では一万石以上の大名を主役とする格付、第二章では一万石未満の幕臣を主役とする格付を見ていく。

江戸時代の日本は徳川将軍家が率いる幕府と、三百諸侯と称された大名が率いる実数約二百六十もの藩が共同統治するシステムが取られた。この支配システムを、俗に幕藩体制（幕藩制）と呼んでいる。大名は幕府から一万石以上の所領の領有を認められることで、その身分が保証される仕組みとなっていた。

第一章で取り上げる大名の格付事情だが、一口に大名といっても百万石から一万石まで格差は大きかったが、石高以外にも様々な基準で格付された。そうした格付が組み合わされることで家格は決まるが、その基本は将軍との関係にあった。

徳川一門（親藩）など将軍に近い関係の大名ほど高く格付され、外様《とざま》など将軍と遠い関係の大名ほど低く格付された。大名の指標と思われがちな石高の大小は、必ずしも格付の基準にはなっていない。

大名は将軍との親疎《しんそ》で親藩《しんぱん》・譜代《ふだい》・外様の三種類に類別されたことはよく知られるが、その格付が視覚化されたのが江戸城である。参勤交代制により、自動的に全国の大名が集まっていたため、それが可能となった。

拝謁《はいえつ》や儀式のため、大名は定期的に登城することが義務づけられるも、一つの部屋に集められたわけではない。いくつかの部屋に分けられた。その基準こそ幕府により格付された家格である。控室も実際に拝謁する部屋も家格により厳然と区別された。

こうして大名の格差が視覚化されたが、部屋だけではない。家格により登城時の装束《しょうぞく》も細かく決められ、その格差が一目でわかるようになっていた。さらには、将軍に拝謁する方式についても、単独の謁見が許された大名もいれば、集団でしか謁見を許されない大名もいた。その基準も同じく家格であった。

一国一城の主《あるじ》というプライドを持つ大名としては、登城するたびに他の大名との格の違いを思い知らされてしまう。いきおい競争心にも火がついたはずであり、江戸城の御殿は大名同士の競争心をあおる空間だった。

江戸城に加えて江戸在府中の大名が生活する屋敷（江戸藩邸）でも、大名の格付が視覚化された。その建物が大名の格付の指標であった。

この時代、屋敷は必ずしも建物を指す言葉ではない。諸大名は江戸在府中の屋敷を幕府から下賜《かし》され、正室や世継ぎなどの家族、そして大勢の家臣とともに生活の場とした。ただし、下賜されたのは土地のみで、建物は自費で建てた。

どういう建物を建てるかはその大名に任せられたものの、屋敷の顔とも言うべき門構えだけは自由に決めることができなかった。大名の格付に応じて、門構えは決まっていたのだ。門構えで大名間の格差が示された。

大名の格付は、全国各地でも視覚化された。参勤交代の制度により、諸大名は国元と江戸の間を一年交代で行き来したが、毎回大行列となる。騎馬の侍や足軽の数、そして人足の数はあらかじめ幕府から指定されていたからである。

石高を基準に、行列に加わる人数が定められた。石高に連動して人数も増えたため、行列を見れば大名の石高、つまりは格付もおおよそわかる仕掛けになっていた。

第二章の幕臣の場合は、格付でいうと旗本と御家人の二つに大別されるが、その基準は石高ではない。総じて、旗本の方が御家人よりも石高は上回ったが、将軍に御目見《おめみえ》（以下、お目見え）、つまり謁見できる資格を持っているか否《いな》かで線引きされた。

将軍にお目見えできる資格を持っていれば旗本、その資格を持っていなければ御家人とされたため、旗本はお目見え以上、御家人はお目見え以下の者ともいった。旗本と御家人は合わせて直参《じきさん》と総称されるものの、旗本の方が御家人よりも格上である。

明治元年（一八六八）の統計だが、旗本の数は六千人ほどで、御家人の数は二万六千人ほど。三万人強の幕臣のうち、二割弱が旗本で、残り八割強が御家人だった。

将軍にお目見えできるということは、江戸城内で執《と》り行われる様々な儀式に参列する資格を持つということである。イコール、一対一で拝謁できるわけではないが、参列資格があるか否かは、当の幕臣にとっては非常に重要なことであった。

旗本と御家人は将軍に謁見できるかどうかで線引きされたが、御家人であっても、その能力次第で旗本に引き上げられる事例は珍しくなかった。能力が評価されて、将軍に謁見を許されるほどの上級役職に就けば、おのずと旗本に格付がアップしたのである。

第三章では、武士よりも身分上は下位に位置付けられていた町人の格付事情を様々な事例を通じて紹介する。

町人の格付の基準だが、まずは土地を持っているか否かが挙げられる。要するに、地主か否かで格付された。地主でなければ町の正式なメンバーとは認められず、町内での発言権もなかった。借地人や借家人の立場では発言権がなかった。

江戸時代は武士が政治面を独占し、町人は政治の世界からは排除された。そのため、町人は政治以外の世界で生計を立てたが、格付という点で見ると、格差社会のトップに君臨する幕府や藩のお抱えになることは実に大きかった。たとえば、幕府や藩のお抱えになった学者、絵師、力士は同じ町人の社会からは一目置かれていた。お墨付《すみつ》きを与えられたからである。

第四章では、ランキングの一覧である「見立番付」を通じて、バラエティーに富んだ江戸の格付事情を紹介する。

見立番付とは、相撲の番付のように、事物を東西に分けてランキング表にしたものである。泰平の世であったことを背景に、江戸時代は庶民の生活レベルがアップした。食文化の発展などはそのシンボルであり、いきおい食べ物に関する関心が高まった。そんな時代状況を受けて、料理茶屋や酒をテーマとした見立番付が人気を呼ぶ。

生活のレベルアップという点では、庶民の余暇《よか》の楽しみに旅行が加わったことも注目される。それだけ生活に余裕が出てきたわけだが、名所旧跡や温泉の番付は旅行への関心の高さに焦点を当てたものである。

このように、見立番付を読み解くことで、庶民たちがどういうテーマに関心を持っていたかがわかり、その格付の基準も見えてくる。

様々な切り口から江戸の格付事情に迫った本書を通じて、現代にも通じる江戸の格差社会に触れていただければ、江戸の世はもっと身近なものになるに違いない。江戸の懐《ふところ》事情に迫った前著『江戸の給与明細』とともに、江戸の社会を知る手引きとして、どうぞ本書をご活用いただきたい。

令和五年七月

安藤優一郎

本文執筆　加唐亜紀
本文校正　石井三夫
本文図版　アルファヴィル

江戸の格付事情——目次

第二章　江戸の格付事情【幕臣・陪臣篇】

第三章　江戸の格付事情【職業篇】

第四章 江戸の格付事情【見立番付篇】

第一章　江戸の格付事情【将軍・大名篇】

〈一〉武士の種類

武士の頂点「征夷大将軍」

江戸時代は、将軍を頂点とした武家社会であった。「将軍」とは征夷大将軍《せいいたいしょうぐん》の略。古代の日本において朝廷に抵抗した蝦夷《えみし》を征討するために臨時に任命された指揮官のことを指す。初代は坂上田村麻呂《さかのうえたむらまろ》と思っている方が多いかもしれないが、実は延暦《えんりゃく》十三年（七九四）に大伴弟麻呂《おおとものおとまろ》が先に任命されている。

その後、征夷大将軍不在の時期もあったが、木曽義仲《きそよしなか》こと源《みなもと》義仲が任じられたことにより、復活。これは武門の棟梁《とうりょう》としての権威付けを義仲が望んだ結果だとされている。平氏を打倒し、鎌倉に幕府を開いた源頼朝《よりとも》が任じられて以降、征夷大将軍の官職は天下の武威をつかさどる武家政治のトップを指す言葉になった。その証拠に室町《むろまち》幕府を開いた足利尊氏《あしかがたかうじ》もこの職に就き、以後、代々の足利将軍も同様であったからだ。

江戸幕府を開いた徳川家康も同じく、将軍職は慶応《けいおう》三年（一八六七）十月十四日に十五代目の慶喜《よしのぶ》が大政奉還するまで徳川家が世襲する。直後の十二月九日に天皇が再び政治を行なうことを宣言する王政復古の大号令が出されるまで、征夷大将軍は武家のトップとして君臨し続けた。

一万石以上の家臣

頂点の将軍のすぐ下には「大名」がいた。一口に大名といっても様々であるが、江戸時代の場合、徳川将軍家と直接主従関係を結んだ武士のうち、一万石以上の石高《こくだか》（土地の生産量を表し、藩や領地の経済力を示す）を与えられた武士のことを指した。上は百万石以上の石高を誇った加賀前田氏から下は一万石ギリギリの大名がいたことになる。時代によって数は違うが、明治になって実施された廃藩置県時には二百六十人くらいであった。

ちなみに、加賀前田家には五万石を筆頭に一万石を超える家臣が八人いたが、徳川将軍家とではなく、前田家と主従関係を結んでいたため、彼らは大名とは呼ばない。加賀前田家のほか尾張《おわり》徳川家や紀伊徳川家にも一万石を超える家臣がいたが、彼らはいずれもその家の家臣であり、徳川将軍家と直接主従関係を結んでいなかったので、大名ではない。大名の家臣は陪臣《ばいしん》や又者《またもの》と呼ばれた。

同じ理由で、一橋《ひとつばし》徳川家、田安《たやす》徳川家、清水《しみず》徳川家からなる将軍家分家の御三卿《ごさんきょう》も十万石の石高を誇るものの、徳川将軍家と主従関係を結んではおらず、将軍の家族という扱いだったので、大名ではなかった。

一万石以下の家臣

将軍と直接主従関係を結んでいても、一万石以下の武士では大名になれない。こうした武士は幕臣と呼ばれる。

幕臣は旗本と御家人に分けられた。将軍にお目見え（面会）できるのが旗本、できないのが御家人となる。

旗本もピンからキリまでおり、足利将軍家の流れをくむ吉良《きら》家をはじめ、桶狭間《おけはざま》の戦いで横死した今川義元の子氏真《うじざね》の孫に始まる今川家、織田信長や武田信玄の子孫が、朝廷からの使者の接待や儀礼作法の指導にあたる高家《こうけ》という比較的身分の高い役職に就いていた。

御家人も同様に最上から最低までおり、先祖の代から裕福な家を除けば、役職には限りもあり、役についても禄高《ろくだか》（給料）は変わらないため、物価が上がれば、小禄ほど貧しくなっていった。さらに、無役となれば、生活はかつかつで内職する武士も多かった。

こうした旗本や御家人が抱える武士の中には用人《ようにん》と呼ばれる者がいた。武家の財政を預かるのが仕事で、借金で逼迫《ひっぱく》し傾いた家を立て直した凄腕《すごうで》の用人は、他家に引き抜かれることもあったという。

武士は代々同じ主《あるじ》に仕えているイメージがあるが、たびたび主を替える者もいたのである。

下級武士たち

このほか、若党《わかとう》と呼ばれる武士と足軽《あしがる》の間に位置する者もいた。足軽は身分の低い武家の奉公人のこと。明治三年（一八七〇）、武士は士族という階級になったが、足軽は卒《そつ》として士族の下に置かれた。これを不満に思う卒が反乱を起こしたため、二年後には卒が廃止され、代々足軽であった者も士族に編入された。

足軽の下には中間《ちゅうげん》と呼ばれる人々がいた。彼らは武家に仕えている時には武士の扱いであったが、武家奉公をやめると町人になる。渡り中間といって主を渡り歩く者も多かった。

時代が下ると、財政難に陥る武家が大半を占めるようになった。常に家臣を雇《やと》っておく人件費を捻《ねん》出《しゅつ》できなくなり、江戸城への登城時など必要に応じて臨時に人を雇うことが常態化していく。人宿《ひとやど》や慶安《けいあん》と呼ばれた口入屋《くちいれや》（現代の人材派遣会社のような商売）を通じて雇った者は、主のお供をする時だけ武士の扱いを受けた。

このように、武士と一口にいっても上は将軍から下は臨時雇いの者まで様々いたのである。

〈二〉官位とは

聖徳太子が始めた序列社会?

「官位」とは、古代律令制の中で使われていた役人の制度である。人の序列を表す位階と役人が就く官職をまとめて官位という。位階は、歴史の授業で習った聖徳太子が制定した冠位十二階が嚆矢《こうし》となる。その後、律令制において、位階に見合う官職が与えられる制度「官位相当制」が導入された。律令制の崩壊後、源平の時代を経《へ》て武家社会になり、官位制は形式化していくが、それでも家格や役職を表すのに用いられていた。

なぜ、古代の官位を説明するのかといえば、武士たちもこの官位に一喜一憂していたからである。特に大名たちの序列を決めるのには、石高だけではなく、官位も関係していた。ただし、石高によってどの位階まで上れるのか、あるいは家柄によっても細かい規定があって、たとえば、一万石の大名では最高クラスの官位には上ることはできなかった。

将軍に拝謁《はいえつ》する際に、同じ石高でも位階が高い方が先に挨拶《あいさつ》ができた。さらに、官位によって江戸城内の儀式で身に着ける衣装が細かく決められていた。つまり、遠くからでもその人がどんな地位なのか一目でわかる仕組みになっていたのである。この官位は、江戸時代には幕府が管理し、朝廷が承認する形を採用していた。昇進を望んでも手続きもあり、時間がかかるものだった。

どれだけ当時の人が高い官位を望んでいたのかがわかる逸話が残っている。徳川五代将軍綱吉《つなよし》は、生母の桂昌院《けいしょういん》に少しでも高い官位を賜《たまわ》ろうと朝廷に働きかけ、そのかいあって、女性としては最高位の従一位《じゅいちい》をもらえることになった。

そのことを伝えに来た使者の接待役を仰《おお》せつかったのが、浅野長矩《あさのながのり》であった。ところが、浅野が城内で接待役の指南をした吉良上野介《こうずけのすけ》に斬りかかったのは、ご承知の通り。この時、綱吉がろくに取り調べもせずに、浅野に即日切腹を申しつけたのは、母親の晴れの日を、刃傷《にんじょう》事件によって台なしにされたという怒りの表れだったといわれている。

位階は一位から八位までに加え、初位《しょい》があった。初位には大と少が、一位から八位までは正と従があり、さらに正四位以下はそれぞれが上と下とに分かれる。つまり、四位は正四位上、正四位下、従四位上、従四位下の四つに分かれていたことになる。

余談だが、従五位下以上の人は「殿上人《てんじょうびと》」や「公家《くげ》」と呼ばれ、天皇の日常の御座所である清涼《せいりょう》殿《でん》に昇ることができた。武士も同様で、天皇にお目見えするには高い位階が必要であった。

位階／官庁	貴族（殿上人）											
	正一位・従一位	正二位・従二位	正三位	従三位	正四位 上	正四位 下	従四位 上	従四位 下	正五位 上	正五位 下	従五位 上	従五位 下
神祇官								伯				大副
太政官	太政大臣	左大臣 右大臣 内大臣	大納言	中納言		参議	大弁		中弁	少弁		少納言
中務省					卿				大輔		少輔	侍従・大監物
中務以外の省						卿				大輔・大判事		少輔
衛府				大将				中将	衛門督	少将	兵衛督	衛門佐
大宰府				師					大弐			少弐
国司											大国守	上国守

官位相当表

下級貴族（地下）															
正六位		従六位		正七位		従七位		正八位		従八位		大初位		少初位	
上	下	上	下	上	下	上	下	上	下	上	下	上	下	上	下
少副		大祐	少祐						大史	少史					
大史				大外記・少史		少外記									
大丞・大内記		少丞		大録	少監物・大主鈴	監物主典		少録・少主鈴		小典鑑					
	大丞・中判事	少丞	少判事	大録	判事大属			少録	判事少属						
	兵衛佐	将監	衛門大尉	衛門少尉	兵衛大尉	兵衛少尉	将曹		兵衛大志・衛門大志	兵衛少志・衛門少志					
	大監	少監	大判事	大典	主神		博士	少典・医師				判事大令史	判事少令史		
	大国介・中国守	上国介	下国守		大国大掾	大国少掾・上国掾		中国掾		大国大目	大国少目・上国目		中国目	下国目	

慌てて昇進した徳川吉宗

前項で説明した通り、位階によって就くことができる役職が決められていた。この官位だが、最初に任官される初官と最終的に就く極官《ごっかん》の役職は家によって決まっていた。たとえば、加賀前田家の場合、世子の段階で正四位下・少将の官位・官職となり、家督を継ぐ時に中将、その一年から三年後に宰相《さいしょう》に任官。六十歳で従三位《じゅうさんみ》となる。官職は、もともと朝廷の役職だから、本来であれば、定員がある。だが、慶長《けいちょう》十一年（一六〇六）、徳川家康が朝廷に武家の官位は幕府の推挙によって叙任するように求めた時に、武家に与える官位は朝廷の官位の定員外とし、元和《げんな》元年（一六一五）の禁中並公家諸法度によって明文化された。つまり、理論上は、何人もの少将がいても問題なかった。それこそ、百人いてもいい。

もっとも、武士の間では官職の多くは形式的であった。しかし、位階はそうでもなく、武士の棟梁である征夷大将軍になるには、正二位でなければならなかった。享保《きょうほう》元年（一七一六）、七代将軍の家《いえ》継《つぐ》が亡くなったのち、次期将軍に選ばれたのは紀伊徳川家の吉宗《よしむね》であった。普通は、元服した時や将

主要大名の官位官職

位階	官職	大名家	詰所	類別
正一位	太政大臣	将軍家(徳川宗家)		
従二位	大納言	尾張徳川家・紀伊徳川家	大廊下	御三家
従三位	中納言	田安・一橋・清水家		御三卿
	中納言	水戸徳川家	大廊下	御三家
	宰相	前田家	大廊下	外様
正四位上	中将	井伊家	溜之間	譜代
正四位下	中将	会津松平家	溜之間	親藩
従四位上	中将	高松松平家	溜之間	親藩
		島津家	大広間	外様
		伊達家	大広間	外様
従四位下	少将	越前松平家	大廊下	親藩
		高須松平家	大広間	親藩
		細川家	大広間	外様
		毛利家	大広間	外様
		西条松平家	大広間	親藩
		黒田家	大広間	外様
		鍋島家	大広間	外様
		上杉家	大広間	外様
		宗家	大広間	外様
	侍従	立花家	大広間	外様
	昇進なし	柳沢家	帝鑑之間	譜代
	昇進なし	南部家	大広間	外様
従五位下	諸大夫	三奉行(寺社・町・勘定)	芙容間ほか	譜代

※極位極官(叙任された最高の官位と官職)で表記
「江戸大名の官位制」(『日本史に出てくる組織と制度』新人物往来社)などを参照

軍の世子に決まった時などに官位は引き上げられ、将軍就任までには正二位になっている。吉宗は紀伊徳川家二代藩主の光貞《みつさだ》の四男であり、本来であれば、一生にわたって兄の厄介《やっかい》になるか、養子に出される立場であった。ところが、兄たちが相次いで亡くなったことから、紀伊徳川家の当主となり、次期将軍に決まった。そのため、この時点で吉宗の官位は従三位で、将軍就任には位階が足りず、将軍宣下直前に正二位に昇進している。

こうした官位であるが、これは大名だけのものではなかった。旗本でも町奉行や大目付《おおめつけ》(諸大名の監視役)など幕府の諸役に就任すると、従五位下に叙任される。赤穂《あこう》事件の発端となった浅野長矩《あさのながのり》は五万石の大名であったが、位階は従五位下である。つまり、官位において大名並みの旗本がいた。さらに幕府の儀式や典礼などを管掌する高家《こうけ》は、従五位下から従四位上少将という大大名と同じクラスまで昇進できた。旗本の吉良上野介《きらこうずけのすけ》が五万石の赤穂浅野家の浅野長矩に対して偉そうな態度をとれたのは、官位が上だったからである。

役職名で呼び合う

町奉行が出てきたので、ここで日本一有名な町奉行の話をしよう。大岡越前守忠相《おおおかえちぜんのかみただすけ》である。名前のうち、忠相は正式な名前で諱《いみな》という。人前では呼ぶことをはばかられる名前だから、「忌《い》む名《な》」=諱である。ほとんど口にしない名前なので、諱をつけてみたものの、果たしてどう読むのか、後から確認したこともあるという。

では、普段はどう呼ばれていたのか。大岡越前守忠相の場合は、「越前」だった。越前守は本来、越前国（現在の福井県）の長官を指す役職名だが、名目だけが残ったもので受領《ずりょう》名という。会社で部長職にある人のことを苗字ではなく、「部長」と呼ぶようなものである。ちなみにこのとき「守」はつけないことになっていた。同じく町奉行の「遠山《とおやま》の金さん」こと遠山左衛門尉《さえもんのじょう》景元《かげもと》の場合は、左衛門尉。宮門の警備などを担当した左衛門府の役名である。

これら官職名は自分が希望するものを幕府に申請することになっていた。

ただし、受領名の武蔵《むさし》守は原則使用禁止。家康が名乗っていた三河《みかわ》守も使用を憚《はばか》ったのか、家康次男の結城《ゆうき》秀康《ひでやす》など親藩大名のみが名乗った。陸奥《むつ》守は仙台伊達《だて》家のみ、薩摩《さつま》守は島津家のみなど決まりがあった。旧国名は六十八しかないので、同じ受領名を名乗る者が複数いる場合もあった。理由はよくわからないが、信濃《しなの》守は人気で十人ぐらいいたこともあるようだが、同姓で同一の官途受領名は禁止だった。

また、格上の者が新たに受領名を替えて、たとえば「○○摂津守」となった場合。同じ○○摂津守たちは遠慮して変更しなければならないなど、好きにしていいとはいうものの、配慮や忖度《そんたく》でなかなか大変だったようだ。

〈四〉大名の種類

古いほど格式の高い譜代

一口に大名といっても様々な種類があった。よく耳にする「譜代《ふだい》」や「外様《とざま》」という呼び方は、徳川将軍家との距離を表した言葉である。譜代大名は関ヶ原の戦い以前からの家臣、外様大名は関ヶ原の戦い以降の家臣を指す。ほかに「親藩《しんぱん》」もある。徳川家康の子孫が祖となる大名のことで、徳川姓の尾張徳川家、紀伊徳川家、水戸《みと》徳川家のほか、松平姓の越前松平家などがある。親藩を御家門《ごかもん》ともいうが、もともとは越前松平家を指す言葉であったという。

中には譜代大名から親藩大名、家臣から一門になった例がある。会津《あいづ》松平家だ。藩祖は三代将軍徳川家光《いえみつ》の異母弟の保科正之《ほしなまさゆき》。将軍の子ながら様々な事情から譜代大名で信濃高遠《たかとお》藩主の保科正光《まさみつ》の養子となった。寛永《かんえい》二十年（一六四三）、会津に入る。この時はまだ親藩ではなかった。元禄《げんろく》九年（一六九六）、三代目の保科正容《まさかた》の時に松平姓の名乗りを許され、親藩に加わった。

さて、譜代大名間で、実はマウンティングがあった。基準は松平家、もしくは徳川家の家臣にいつなったかということである。

大名に限らず、旗本や御家人なども含め譜代の家臣で最古参の者を三河譜代と呼ぶ。また、三河以来ともいう。これは家康が三河を統一するまでに家臣となった者たちを指す。さらに、この三河譜代の中にも序列があった。家康の祖となる松平家初代の親氏《ちかうじ》から三代目の信光《のぶみつ》までの間に家臣になった者を岩津《いわづ》譜代。四代親忠《ちかただ》から七代清康《きよやす》が本拠地を岡崎に移すまでが安城《あんじょう》譜代。その後、岡崎に移ったのちに家臣になった者は岡崎譜代で、言うまでもなく古いほど家格が高かった。

それだけ、徳川家と長い付き合いの譜代大名であれば、さぞかし石高が高そうだが、概して高くない。これは徳川幕府の特徴で、石高の高い大名は外様大名で、財力がある代わりに幕府の政治に参加することができない。すなわち、権力を手にできなかった。

かたや、政治に参加できる譜代大名は、石高が低く抑えられていた。これは財力と権力の両方を与えてしまったら、制御できない事態になるかもしれないという深謀遠慮からだろう。また、石高の高い大名は江戸から遠い地域に配置されている。島津氏のようにもともとその地の支配者であった例もあるが、佐竹氏のように現在の茨城県から秋田県へと移された例もある。家康が大名の処遇に苦慮していたことがうかがえる一例だ。

〈五〉大名の領地

人気のある領地、人気のない領地

〈一〉で述べたが、石高は拝領された領地から収穫できる米の量を表している。ちなみに一石ならば千合で、成年男子が一年間に消費する量とされていた。一万石ならば一万人を養うだけの米が取れることになる。幕府から大名や旗本に与えられた領地の石高は、江戸時代初期に行った検地によって決められ、表高《おもてだか》と呼ばれた。この表高に応じて大名や旗本の格式が決まり、参勤交代や手伝い普請《ぶしん》の負担などが決まったが、時代が下るにつれて新田開発が行われ、肥料や農具の改良もあって、表高よりも実際の収穫高である内高《うちだか》（実高ともいう）が多くなっていた藩もあった。

米は本来、温暖な気候で育つ植物である。そのため、温暖な地域では内高が表高を大きく上回ることもあった。その一方、寒冷地では冷害によって内高が表高を下回る場合もあった。

その一つが、現在の福島県に位置した棚倉《たなくら》藩である。もともと佐竹家の領地であったが、関ヶ原の戦いで佐竹氏が西軍についたため、敗戦処理で久保田《くぼた》（現在の秋田県秋田市）に追われた。その後、次々に藩主が代わり、新田開発や財政改革を実施するが、一朝一夕では成果が表れない。藩主が代わると方針も変わるため内高が上がらず、幕府が懲罰的《ちょうばつ》な意味合いで棚倉への転封《てんぽう》を繰り返すこともあり、棚倉藩への移封は、まさに「左遷」の地になった。

その一方で、ここに移ると出世できるとされていた藩領もあった。浜松藩である。浜松は家康が天下人に向けて飛躍した地であり、歴代の城主たちも幕府の要職に就いたことから、いつの間にか、「出世城」と呼ばれるようになった。

出世城に魅せられたのか、どうしても浜松入りしたいと切望した大名がいる。天保《てんぽう》の改革で有名な水野忠邦《みずのただくに》である。文化九年（一八一二）、家督を継いだ時には、肥前唐津《ひぜんからつ》藩の藩主であった。唐津は豊かであったものの、同じ肥前国内（現在の佐賀県）にある長崎の警備に就く義務があるため、幕閣に入ることができない。

どうしても出世したい忠邦は、唐津藩からの移封を希望し、積極的な猟官活動を行う。唐津藩は内高が二十五万石であり、一方の浜松は十五万石。浜松に移ると半分近くも収入が減ってしまうため、多くの家臣が大反対し、家老が忠邦を諫《いさ》めるべく腹を切る。それでも忠邦は諦めず、猟官活動を続け、文化十四年、願いがかなって浜松移封になった。その後は奏者番《そうじゃばん》を振り出しに、寺社奉行、大坂城代、京都所司代を経《へ》て、老中に上り詰めたのは周知の通りである。

〈六〉 大名の序列

十万石が一つの目安

大名の序列については、石高が重要であった。その中で、目安となる石高があった。それが十万石である。十万石以上が大大名で、それ以下は小大名といったような明文化された区別はないが、とりわけ、登城の際は引き連れる供の数をはじめ、十万石以上と十万石以下では明らかな違いがあった。

徳川一門の津山藩松平家は嗣子《しし》がなく十万石から半減され、長らく低い格式に甘んじていたが、十一代将軍家斉《いえなり》の十四男を養子として迎えて悲願の十万石に復した。また、弘前《ひろさき》藩津軽《つがる》家は、幕末になって高直し（検地のやり直し）を幕府に申し出て十万石になっている。津軽家はもともと盛岡藩南部家の家臣であり、元主家と同格、あるいはそれ以上を望む野心もあった。

さて、このように大名たちが執着する十万石という石高。実は石高がまったく足りていないのに十万石の待遇を受けていた大名がいた。

一つは、喜連川《きつれがわ》家である。石高はわずか四千五百石（のちに加増されて五千石）。一万石以上が大名なので、石高だけなら大名ではない。だが、喜連川家は室町《むろまち》幕府を開いた足利尊氏《あしかがたかうじ》の末裔《まつえい》にあたる。尊氏は関東に幕府の出先機関として鎌倉府を置き、そこへ息子の基氏《もとうじ》を派遣した。基氏の子孫が改姓し、喜連川家となる。こうした名家を家康は優遇し、大名として認めただけでなく、二十倍強の石高である十万石として処した。さらに、将軍を意味する「御所」と名乗ることを許したのである。これには、かつて関東を支配した足利家に対して、敬意を表すると同時にその保護者であることをアピールする目的があったといわれている。

喜連川家の祖となった足利基氏(『本朝百将伝』国立国会図書館蔵)

また、元来は無高、つまり米がまったく取れない土地の領主ながら大名として認められていた家もあった。対馬《つしま》の宗《そう》家は、日本と朝鮮の間に位置し、両国の仲介役を務めるとともに貿易を独占した。しかし、豊臣秀吉が行った文禄《ぶんろく》・慶長《けいちょう》の役《えき》で朝鮮との国交が断絶してしまう。豊臣家に代わって、天下人となった家康は、朝鮮との国交回復の意欲を見せたため、宗家は朝鮮国と幕府との間を取り持った。その結果、朝鮮は日本への使節団派遣を決める。最初は日本に連れてこられた人質返還のための交渉であったが、のちに将軍の代替わりごとに親善のために日本へ訪れるようになった。これが朝鮮通信使である。宗家は外交の功績により、格式十万石の大名と認定されたのである。

一国一城の主の国持大名

冒頭で話題にした「大名が十万石にこだわる理由」に「国持大名《くにもち》」の存在が考えられる。国持大名は国主とも呼ばれ、律令制によって六十八に分かれていた国のうち、一国以上を支配していた大名を指す。まさに一国一城の主である。この国持大名の最低クラスが十万石だった。加賀《かが》・能登《のと》（ともに現在の石川県）と越中《えっちゅう》（現在の富山県）を領した加賀前田家。薩摩・大隅《おおすみ》（ともに現在の鹿児島県）に加えて日向《ひゅうが》（現在の宮崎県）の一部と琉球《りゅうきゅう》（現在の沖縄県）を支配していた島津家。長門《ながと》・周防《すおう》（ともに現在の山口県）を支配していた毛利家などは国持大名と呼ばれた。余談になるが、一国は支配していないものの、国持大名に準じるとされた国持格大名もおり、幕末には国持大名と合わせて二十家あった。

国持大名のほとんどは外様大名、すなわち豊臣政権時代は家康の同僚たちである。中には鎌倉や室町時代から歴史の表舞台に登場する名門もあった。そのため、幕府は彼ら国持大名に従四位以上の官位を与え、松平姓を下賜《かし》して優遇した。一方で、幕政には参加させず、遠方へと遠ざけた。

国持大名の下には、城持大名（城主）がいた。彼らは幕府公認で城を所有できる存在である。幕末には百二十八家を数えた。城の所有は許されていないが、城持大名と同じ待遇の城持格大名もいて十六家あった。

この下のクラスが城の所有を許されていない大名たちである。百十一家の大名は、城の代わりに藩政を行う陣屋を持っていた。この城を持たない大名の中に「内分分家《ないぶんぶんけ》」と呼ばれる者がいた。彼らは本家である大名家から代替わりなどのタイミングで領地を分けてもらい、大名となった。内分分家大名は、将軍から領地を認可された領知朱印状を与えられない（領地朱印状は歴代将軍ごとに一通のみの発行で、すでに本領宛に出されているためである）。

こうした大名は参勤交代をせず、江戸に住んでいる場合が多く、住んでいる屋敷も本家である大名家に間借《まがり》するなど、従属的で独立性に乏《とぼ》しかった。

〈七〉大名の詰所

家格によって異なる詰所

苦労して江戸城内に無事到着した大名たちは、将軍に謁見するまでの時間を決められた控えの間である詰所《つめしょ》で過ごすことになっていた。この詰所のことを「殿席《でんせき》」といい、家格に準じており、好き勝手に部屋を移動することはできない。殿席は儀式を行ったり、幕閣が政務を執《と》ったりする場である表に置かれていた。

さて、ここで少し江戸城本丸御殿について説明しよう。江戸城は何度も焼失して、そのたびに建直されている。今回は幕府末期の弘化《こうか》二年（一八四五）に造られ、俗に弘化度本丸御殿と呼ばれているものを例に挙げる。建坪《たてつぼ》は一万一千三百七十三坪（野球グラウンド三面ほど）、そのうち将軍の家族とその世話をする奥女中たちが生活する大奥は六千三百十八坪と約半分を占めていた。残りの部分に将軍のプライベート空間である中奥《ちゅうおく》と政治を行う表《おもて》があった。

殿席は大名の家格ごとに決められていたことは前述した通り。

尾張徳川家、紀伊徳川家、水戸徳川家の御三家は大廊下上之部屋。加賀前田家、越前松平家、津山松平家などは大廊下下之部屋だった。

会津松平家や水戸徳川家の分家である高松松平家や彦根井伊家が溜之間《たまりのま》で、臣下としては最高の扱いであった。また、姫路酒井家、伊予松山松平家、忍《おし》松平家は溜之間に昇格できる家とされており、彼らを飛溜《とびだまり》と呼び、高松松平家など溜之間に常駐する家は常溜《じょうだまり》と呼んで区別した。溜之間の大名は幕府の最高顧問として将軍からの諮問《しもん》に応え、老中に意見することができた。そのため儀式のない日も定期的に登城して溜之間に詰め、強い影響力を発揮したのである。

薩摩島津家や仙台伊達家、肥後細川家、萩毛利家、土佐山内家などの石高の高い外様大名や親藩などが大広間に入る。小浜《おばま》酒井家や中津奥平家、小田原大久保家などの譜代は帝鑑之間《ていかんのま》。淀稲葉家や白河阿部家、土浦土屋家など三万石以上の譜代大名たちは雁之間《かりのま》。三万石未満の城を持っていない譜代大名たちは菊之間。芝村織田家、足守《あしもり》木下家、狭山《さやま》北条家など五位以上の外様大名が柳之間であった。

ところで、織田、木下、北条という姓に「おや」と思う人がいることだろう。そう、芝村織田家は織田信長の弟の有楽斎《うらくさい》の子孫。足守木下家は豊臣秀吉の義兄の子孫。狭山北条家は小田原北条家の末裔《まつえい》である。戦国時代に盛んであって、その後に滅んでしまったと思われるこれらの家々だが、徳川家康は小さいながらも大名として残したのである。

儀式の時間が来ると控えの間から出て会場に入る。ここもやはり格式によって場所が決まっており、しかも、儀式ごとに異なっていた。

江戸城で行われた主な儀式を説明しておこう。まずは、正月の挨拶《あいさつ》である。これには、大名だけでなく、旗本や大名の世子も登城することになっており、登城する日も家格によって決められていた。御三家や親藩や譜代は元日、御三家の世子や国持大名クラスの外様大名は二日、それ以外の大名が三日だった。

正月の次の儀式は一月七日。当時は人日《じんじつ》の節句といった。今の七草《ななくさ》である。三月三日の上巳《じょうし》の節句、五月五日の端午《たんご》の節句、七月七日の七夕《たなばた》の節句、九月九日の重陽《ちょうよう》の節句と合わせて五節句という。重陽の節句は酒に菊の花びらを浮かべた菊酒を飲むなどして長寿を願う日で、五節句の中で最も大事とされていたが、現在はすたれてしまった。

江戸幕府にとって何よりも重要な儀式日が八朔《はっさく》となる。これは家康が天正十八年（一五九〇）八月一日に江戸へ入ったことを祝うもので、登城する大名たちの装束《しょうぞく》はすべて白帷子《しろかたびら》と決まっていた。吉原ではこれをまねして女性たちが白い衣装を身に着けたという。

毎月一日、十五日、二十八日に登城する月次《つきなみ》もあった。

拝謁の会場も家格で決定

大廊下と溜之間詰の大名は、年始・八朔・五節句は白書院《しろしょいん》、月次は黒書院《くろしょいん》で将軍に拝謁した。大ざっぱな内訳でいうと、白書院は公式な対面所で、黒書院は普段使いの対面所だった。大広間の大名は年始・八朔・五節句はそのまま大広間だが、月次だけは白書院へと移動する。帝鑑之間と柳之間詰の大名は、年始・八朔・五節句は大広間で、月次は白書院であった。雁之間《かりのま》の大名は年始が大広間、八朔と五節句は帝鑑之間、月次が西湖之間《さいこのま》。菊之間の大名は年始が大広間、八朔と五節句は帝鑑之間、月次が雁之間だった。

大広間は玄関の近くにあった本丸御殿最大の空間で五百畳《じょう》ほどの広さがあったという。白書院は赤穂事件で有名になった松之廊下の近くにあり、三百畳程度であった。黒書院は白書院よりも中奥に近いところにあり、広さは約百九十畳だった。

この儀式を行う会場にも序列があり、当然家格の高い大名が将軍に近い位置に座ることになっていた。それもどの畳《たたみ》の、畳の目いくつの場所と厳格に決められていたという。儀式によって使用する部屋が違うので、ややこしい。とはいえ、間違えると大変なことになるので、大名によってはカンニングペーパーを作って懐《ふところ》に忍ばせていたといい、幕末に尾張徳川家の当主を務めた徳川慶勝《よしかつ》が使用していた物が現在にも伝わっている。

こうした儀式は、大名たちに自分の家格を改めて確認させるものであった。

〈八〉大名の服装

格式の高い服とは？

登城のルールや控えの間、将軍に謁見する場所などが事細かに決められているとなれば、現代でいうドレスコード、服装の決まりもあった。これも当然、家格や儀式によって異なる。

まず、武士ではないが、江戸時代、天皇が着用した最も格式の高い服を紹介しよう。今上《きんじょう》天皇が即位の礼で平安貴族のような衣装を身に着けていたが、あの装束は明治になってからで、それまでは冕《べん》服《ぶく》を着用した。これは中国の皇帝が着ていた祭服が日本で変化した礼服《らいふく》で、すだれのような物がついた冕冠を被り、赤地に龍の模様などが描かれた服を身に着ける。ちなみに孝明《こうめい》天皇が即位の時に着用した礼服が現代にも伝わっている。

武士の最も格式の高い服は束帯《そくたい》である。天皇の住まいである御所に上がる時、次期将軍が京都からやって来た勅使から征夷大将軍の宣旨《せんじ》を受ける際、また官位の叙任時には身に着けることになっていた。征夷大将軍は官位が四位以上であったので、位階によって表着《うわぎ》にあたる袍《ほう》の色が決まっており、四位以上は等しく黒色を着た。以下、五位は緋《ひ》色、六位は縹《はなだ》色（薄青色）と決まっていた。

将軍はこれ以外にも束帯を着ることがあった。日光東照宮、上野寛永寺、芝増上寺にある歴代の徳川将軍の墓所を参詣の折は身に着けた。この時、大名たちも同行することもあったが、もちろん、大名たちも束帯姿であった。ただし、表着は大名の官位によって色が異なる。

ちなみに、束帯を簡略化した装束が衣冠《いかん》という。束帯の場合は長く裾《すそ》を引きずっているが、衣冠では裾が短い。また束帯は袴が表袴《うえのはかま》だが、衣冠では裾を縛った指貫《さしぬき》と細部に違いがある。

自分の置かれた位置がよくわかる正月

このように官位によって衣装が決まっていたので、一目で誰がどの官位にあるのかがわかった。しかも儀式によって、身に着ける衣装が異なっていた。たとえば、正月の場合、官位最高位の将軍は直《ひた》垂《たれ》である。現在、相撲《すもう》の行司《ぎょうじ》が着用している衣装は直垂の一種となる。将軍と同じ直垂を着用できるのは、従四位以上かつ侍従以上の官位官職の人々だけである。具体的にいうと、御三家・御三卿・越前松平家・国持大名・溜間詰の大名となる。頂部《いただき》分が折れた風折烏帽子《かざおりえぼし》を被り、小さ刀《ちいがたな》と呼ばれる短刀を腰に差し、末広《すえひろ》と呼ばれた扇《おうぎ》を手に持つことになっていた。江戸紫は当代の将軍の色、また浅黄《あさぎ》色や萌黄《もえぎ》色も将軍が使用したことがある色として遠慮、黒は縁起が悪いと避けられたが、それ以外の色であれば自由に着用することができた。袴は裾を引きずる長袴《ながばかま》で、色や生地《きじ》は直垂とそろえることになっていた。

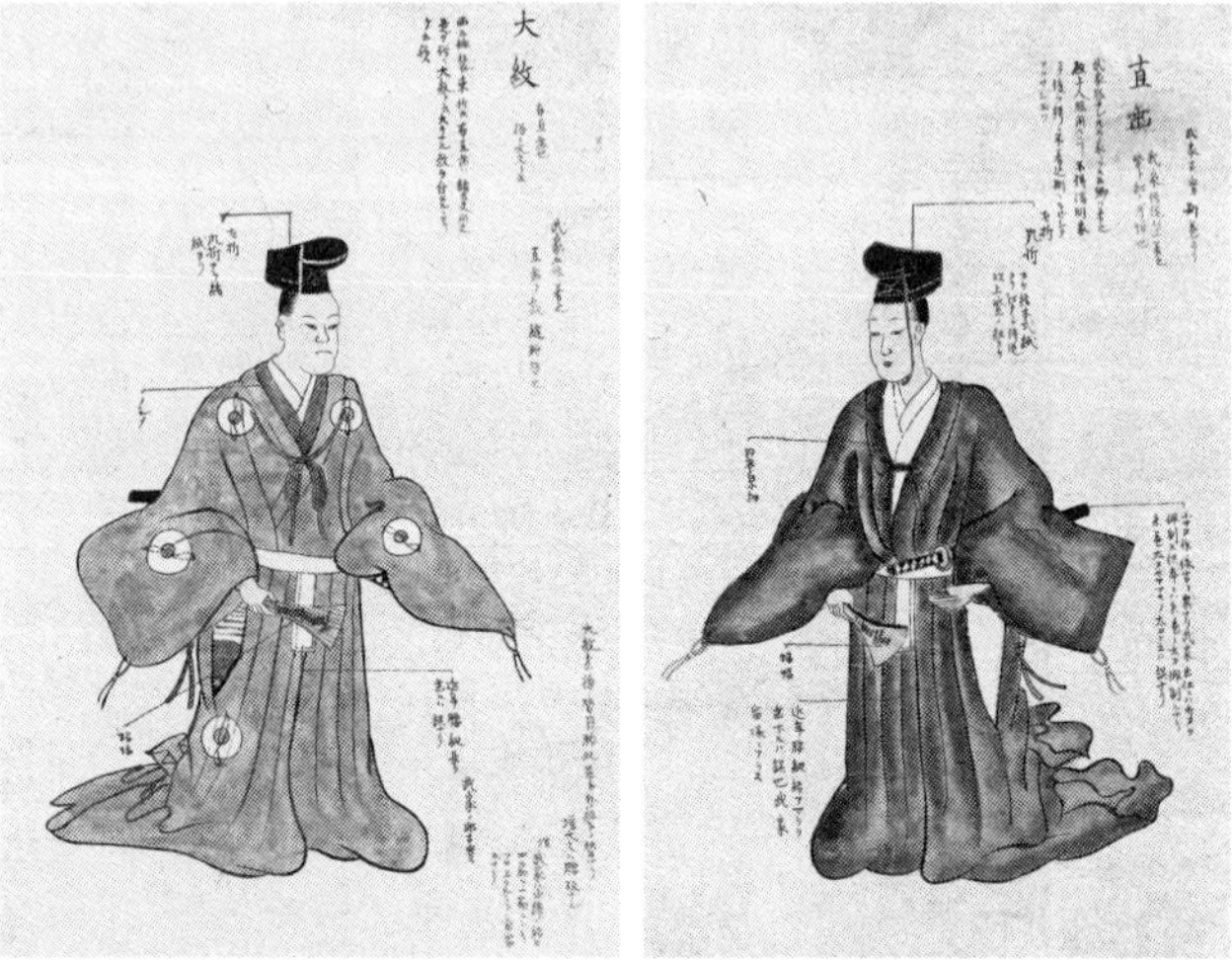

直垂〈右〉と大紋〈左〉(『武家装束着用之図』国立国会図書館蔵)

大名たちは年始だけ直垂を着るが、将軍は代替わりの儀式や朝廷からの勅使や琉球使節を引見する時も身に着けた。

従四位でも侍従でもない大名は、平安貴族たちが狩りの時に着けていた狩衣《かりぎぬ》でなければならなかった。直垂姿の大名たちと同じように風折烏帽子を被り、腰には小さ刀を差し、手には末広を持つ。袴は裾を紐《ひも》で括《くく》るようになっている指貫である。高家は旗本ながらも位階が従四位と高かったため、狩衣を着ることを許されていた。

このワンランク下は、大紋《だいもん》といい、従五位の大名たちが着用する。文字通り大きな家紋が染め抜かれた布直垂である。紋は、左右の胸の部分、背中、背面の左右袖部分、袴の腰、前面太腿《ふともも》、背面太腿の部分の計十カ所ある。これだけ大きければ、家紋で誰だかすぐわかるという仕組みになっていた。袴は長袴である。この大紋は主に十万石以下の大名が着用することになっていた。しかし、十万石以下の大名が老中に就任した場合には、ワンランク上の十万石の大名が着用する狩衣を着ることが許された。たとえ、石高が低くとも幕閣を務めている場合には、それが衣装でわかる仕組みとなっていた。

五節句の最初の行事である一月七日の人日であるが、この日は、すべての大名たちが長袴を履《は》く長上下《ながかみしも》と熨斗目《のしめ》を着用する。三月三日の上巳の時も同様である。しかし、五月五日の端午では熨斗目が夏の衣装である帷子《かたびら》に改められる。七月七日も同じ。五節句ではないが、徳川家康が天正十八年（一五九〇）八月一日、江戸に入ったことを祝う八朔には、帷子も長上下もすべて白で統一されていたのは前述した通りだ。この日はほかの行事とは違う特別感を、「白ずくめ」という視覚によって演出する狙いがあったのであろう。

なお、毎月の登城日の月次には、肩衣《かたぎぬ》と引きずらない長さの半袴を使用する半上下であった。

このように大名の格によっても、行事によっても着用できる衣装が決まっていた。特に正月は、江戸城にいる間中、己の格がどの程度なのかを思い知らされることになっていた。

〈九〉 大名屋敷

幕府から拝領した屋敷

大名が江戸で居住する「大名屋敷」は、幕府からの拝領になるため、拝領屋敷ともいう。石高が高ければ高いほど広い土地が与えられることになっており、元文《げんぶん》三年（一七三八）頃は、一万～二万石で二千五百坪（サッカーグラウンド一面がおよそ二千坪）、五万～六万石で五千坪、十万～十五万石で七千坪と定めていたが、厳密には守られなかったようである。

安政《あんせい》年間（一八五四～六〇）に本郷にあった加賀前田家の上屋敷《かみやしき》は、十万三千八百二十二坪だった。あまりにも大きい数字なのでピンとこない方が多いと思うが、現在の東京大学本郷キャンパス（東京都文京区）といえば、その大きさがなんとなく想像できるであろう。ちなみに、夏目漱石の小説『三四郎』に出てくることから名付けられたキャンパス内にある池は、三代藩主の前田利常《としつね》が庭園を設けた時に造られた。赤門《あかもん》とともに前田家の屋敷地であった面影《おもかげ》を今に伝える貴重な遺構といえる。

このほか、同じく都内文京区小石川《こいしかわ》にあった水戸徳川家の上屋敷も広大で、前田家同様の十万坪超えの十万一千八百三十一坪あった。屋敷の庭園部分が現在の小石川後楽園《こうらくえん》となる。一方、同じ御三家でも、防衛省付近（新宿区市ヶ谷《いちがや》）にあった尾張徳川家の屋敷地は七万五百二十坪の広さと、石高では半分以下の水戸徳川家よりも狭かった。

十万坪以上で驚くなかれ、実は屋敷地はこれだけではない。一万石クラスの大名なら上屋敷のほかに下屋敷《しもやしき》だけであったが、大藩の場合は上下に加えて中屋敷《なかやしき》と三つの屋敷を拝領していた。上屋敷は藩主が住む場所で、登城の利便性を考えて、現在の大手町や日比谷公園（ともに千代田区）などに多かった。特に、老中など幕府の役職に就く大名は何かあった時にすぐに駆け付けられるように現在の皇居前広場近くに屋敷をもらっていた。逆に大藩の外様大名は、加賀前田家でもわかるとおり、江戸城から遠い所に上屋敷があった。

中屋敷は上屋敷が火事などで焼失した時の控えであるとともに、継嗣《けいし》や隠居した藩主が住んでいた。下屋敷は郊外にあり、別荘のような役割を果たしていたという。加賀前田家の場合、中屋敷は駒込《こまごめ》（豊島区）に、下屋敷は板橋（板橋区）と、現在の都内城北方面にあった。板橋区に加賀という地名が残っているのは前田家の下屋敷があったことに由来する。

大名屋敷には上中下だけではなく、抱《かかえ》屋敷や蔵屋敷と呼ばれるものもあった。抱屋敷は江戸近郊の農家などから土地を借りたり、買ったりした屋敷のこと。また、国元から運んできた米などの荷物を収納する蔵屋敷は、海や川に近い場所に設けられていた。当時は、大量の荷物を運ぶのに船に頼るしか方法がなかったからだ。幕末、勝海舟《かつかいしゅう》と西郷隆盛《さいごうたかもり》が江戸城無血開城のために話し合ったのは、薩摩

江戸大名屋敷門

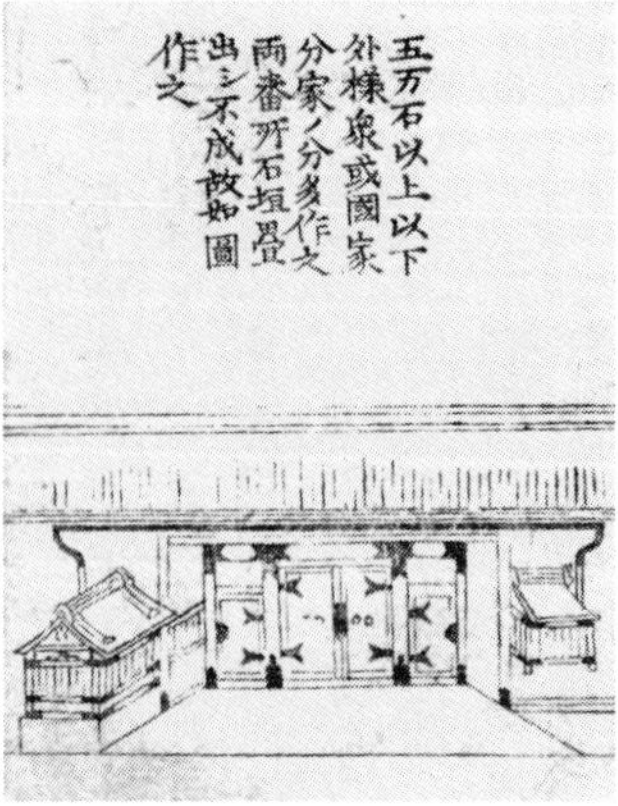

五万石以上以下の大名
長屋門、出屋根の番所と片番所

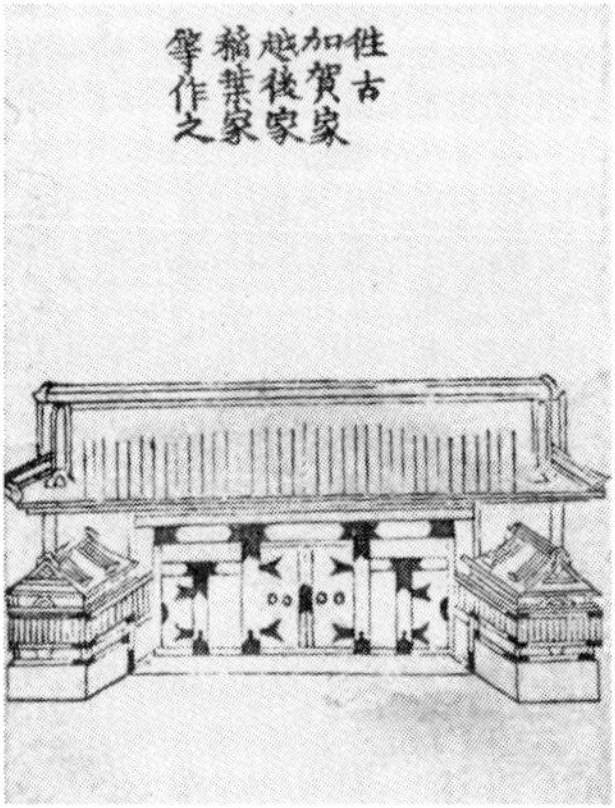

国持大名
入母屋造りの屋根、唐破風屋根の両番所

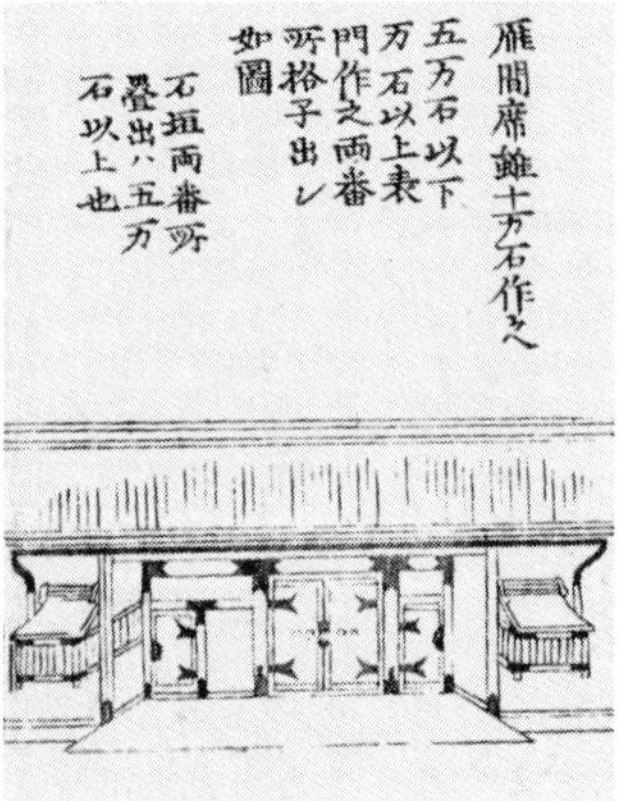

一〜五万石以上の大名
長屋門、庇屋根の両番所

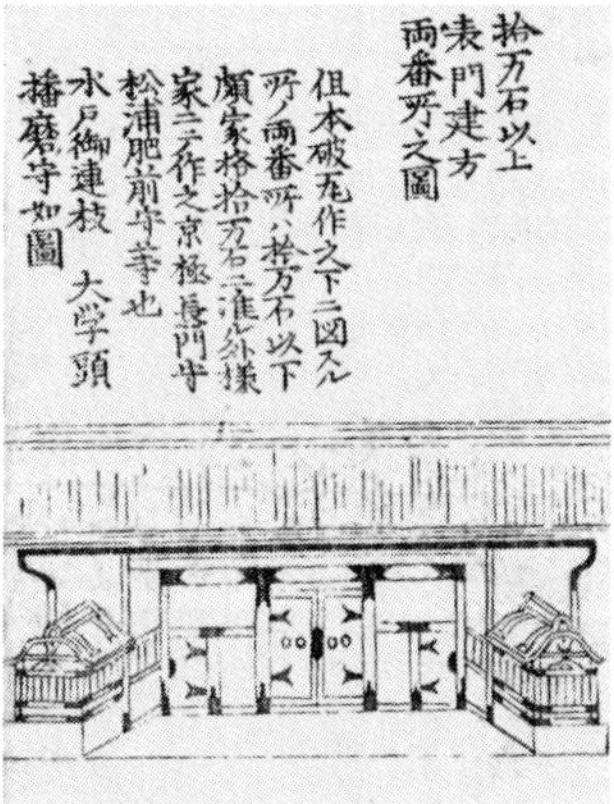

十万石以上の大名
長屋門、唐破風屋根の両番所

（『青標紙』国立国会図書館蔵）

藩島津家の蔵屋敷で、JR田町駅（港区）の北側に記念碑が立っている。当時、この蔵屋敷は海に面していたという。

さて、各大名の拝領屋敷だが、石高によって正面入り口に設けられる門の形が決まっていた。多くの大名屋敷は、周囲を二階建ての長屋で取り囲むように造り、その一部を門にしていた。こうすることで、ただの塀よりも建物を頑丈《がんじょう》にして、万が一の場合は、その長屋から鉄砲や矢を射かけた。門の左右両脇には出入りする人を見張るための番所が設けられていたが、一万石から五万石未満の場合は屋根は庇《ひさし》屋根の出格子《でごうし》であった。これが十万石以上の場合は、番所の建物がいっそう立派になる。さらに国持大名クラスになると、門が長屋から独立した建物になる。門の屋根は入母屋《いりもや》造りで鬼瓦《おにがわら》も置かれた。左右の番所も屋根が唐破風《からはふ》という格式の高いものであった。

このように大名たちは石高によって、住む屋敷もランク付けされていたのである。

〈十〉参勤交代

参勤交代しない大名たち

「参勤交代」とは、原則として大名が江戸に一年、国元に一年を交代で過ごす制度で、幕府が大名に課した義務である。学校でそのように習った方も多いだろうが、実は参勤交代をしない大名も相当数いた。まず、水戸黄門こと徳川光圀《みつくに》が藩主を務めていた水戸徳川家は、国元には帰らず、藩主は江戸に常駐することが多かった。ただし、将軍が幼少の時には水戸家だけではなく、尾張徳川家や紀州徳川家も将軍の補佐のために国元に帰らなかったとされる。

また、老中、若年寄《わかどしより》、京都所司代、大坂城代、寺社奉行、奏者番、側用人《そばようにん》など幕閣は、参勤交代を行わない。臨時に設けられる大老も同様であった。中でも、京都所司代や大坂城代など現地に赴任する役目は、そもそも江戸にも国元にもいなかった。

このほか、一万石程度の小さな藩も負担が大きいとして、参勤交代を免除されている。こうした江戸に定住する定府《じょうふ》の藩は、大藩の支藩が多く、江戸藩邸も本藩の一角を間借りしているような状態で、独立しているとは言いがたかったケースが多い。それでも、小浜《おばま》藩の支藩であった一万石の敦賀《つるが》藩は、わずかながら参勤交代をしたらしい記録が残っている。

負担が大きくても参勤交代をしたのは、参勤交代をすることが大名の証《あかし》であるという考えが敦賀藩にあったからのようだ。たくさんの供を連れ、家紋をつけた道具が移動する様子は、大名の権威を外部へ誇示する最高のチャンスであった。

大名だけではなく、交代寄合という参勤交代をする旗本たちもいた。彼らの知行は一万石に満たなかったものの、殿席は帝鑑之間や柳之間という大名と同等の扱いであった。彼らのほとんどが三千石以上を有する大身の旗本であり、名家の末裔、あるいはかつて大名だった者、分家の当主などであった。

供の数を石高に従って定める

参勤交代に代表される大名行列は、もともとは、いざというときに幕府のために駆け付ける軍行である。そのため、享保六年（一七二一）に参勤時の従者の数を石高によって定めた。たとえば、一万石の大名であれば、騎馬の侍が三〜四騎、足軽が二十人、人足が三十人。これが十万石となると、騎馬の侍が十騎、足軽が八十人、人足が百四十〜百五十人になった。このような基準を設定するが、基準はなかなか守られなかった。

歴史に詳《くわ》しい人であれば、大名たちが財政難で苦しんでおり、家来たちへの給料を支払うことにも窮《きゅう》していたから、規定の人数を連れて行くことができなかったと考えるかもしれない。

驚くなかれ、答えは正反対で、人数が際限なく増える可能性があったからといわれている。先述した通り、大名行列は大名の威厳を誇示するかっこうの場所である。人数が多ければ多いほど格式が高いことになる。

たとえば、最も高い石高を誇った加賀百万石の前田家は、四千人を超える大行列であったという(藩士だけでなく、藩士の家来も含めた数)。ただし、この人数でずっと隊列を組んで進んだわけではない。これは、国元を出発する時と江戸の上屋敷に入る時の人数である。この時には、槍投げのパフォーマンスを行う奴《やっこ》を雇い、供侍たちは装いを正し、隊列を組んで粛々《しゅくしゅく》と行列を進める。しかし、ずっとこのペースではなかなか先に進まない。そこで、ある程度のところで、行列に参加していた者たちの一部を帰す。道中を同行する人々は一千人くらいだったようだ。また、江戸に入る時は江戸郊外にあった下屋敷にいったん入り、ここにて臨時雇いの奴などを行列に加えると、上屋敷に向かうのである。

ちなみに、時代劇などで見る「下に〜、下に〜」という掛け声とともに道端《みちばた》の人々を土下座させるシーン。この行為は江戸では御三家と御三卿以外の大名はできなかった。百万石を誇る加賀前田家の当主でも同様である。だが、前田家の当主はできなくても、その奥方は「下に〜、下に〜」という言葉を使って、人々を土下座させることができた時期があった。幕末、前田十二代藩主斉泰《なりやす》の奥方は、十一代将軍家斉の娘であり、結婚後も将軍の家族同然の扱いを受けていたのである。こうしたちょっとしたところでも、将軍の身内とそれ以外の大名との格差が歴然としていた。

さて、道中で大名同士がかち合うこともある。かち合うとトラブルに発展する可能性が高いので、なるべくほかの大名を避けるようにしていた。それでも避けられない場合があったようだ。

たとえば、国元に戻る米沢《よねざわ》藩上杉家と江戸へ向かう久保田藩佐竹家の行列が、下野《しもつけ》国大田原《おおたわら》宿付近でかち合った。両家とも石高はほぼ同じくらい、鎌倉時代から続く名家の外様大名同士である。

上杉家の行列は街道の左側に、佐竹家の行列は右側に寄ってすれ違った。当主の駕籠《かご》がやって来ると互いに家老が下座する。当主は駕籠の戸を開けて下座する家老にお辞儀をした。これが、ほぼ同格の家柄同士の大名がかち合った時の作法だったという。

〈十二〉登城風景

大名の一番大切な仕事

江戸時代、参勤交代によって国元を離れ江戸に集められた大名たちは、将軍家の膝元《ひざもと》で何をしていたのか。江戸城へ登り、将軍に拝謁する。これが大名たちにとって最重要の仕事だった。

江戸に到着したら、挨拶のために江戸城へ赴《おもむ》く。この時、大名によって決められた献上品（土産《みやげ》）を持参する。土産は会津若松藩なら蠟燭《ろうそく》、岸和田藩なら綿など、藩の特産物の場合もままあった。

その後は〈七〉で詳述した通り、幕府から指定された日に江戸城へ通うことになる。正月の年始に始まり、人日、上巳、端午、七夕、重陽の五節句をはじめ、疾病《しっぺい》封じの嘉祥《かじょう》（六月十六日）、家康の江戸入りを祝う八朔、十月の収穫祝いの玄猪《げんちょ》などには将軍にお祝いを述べるために登城した。ほかにも毎月の登城日があった。さらに若君が生まれた時など、登城の機会は幾度もあった。

今日は二日酔いだから行きたくないといったことは、もちろん許されない。病欠も事前に届けなければならず、届け出なしに登城しなければ、最悪のケースは改易《かいえき》（取り潰し）もあったようだ。

逆に定められた日以外に登城することも「不時登城」といって禁じられていた。たとえば、安政《あんせい》五年（一八五八）六月二十四日、大老の井伊直弼《いいなおすけ》が孝明天皇の許可なしに日米修好通商条約を結んだことに抗議すべく、前水戸藩主の徳川斉昭《なりあき》と現水戸藩主の慶篤《よしあつ》父子、尾張藩主の徳川慶恕《よしくみ》（のちに改名して慶勝《よしかつ》）と越前藩主の松平慶永《よしなが》（のちに改名して春嶽《しゅんがく》）が登城したが、不時登城として、徳川斉昭は謹慎。徳川慶恕と松平慶永は隠居謹慎、つまり藩主をクビになってしまったのである。それほどに登城することは重要な意味を持っていた。

通勤ラッシュならぬ登城ラッシュ

また、登城日は大名が自分の立場を思い知らされる日でもあった。

ここで、最後の広島藩主浅野長勲《あさのながこと》の証言を紹介しよう。ちなみに広島藩の上屋敷は切絵図などで確認すると、今の警視庁の裏側、合同庁舎が立ち並ぶ千代田区霞《かすみ》が関《せき》付近となり、江戸城正門の大手門まで歩いても三十分はかからないであろう近距離にあった。登城時間は午前十時。ところが、浅野長勲は二時間も前の八時には屋敷を出発している。では、なぜこんなに早く屋敷を出るのかというと、途中渋滞に巻き込まれるからだ。

登城日は江戸にいる大名が一斉に江戸城に向けて移動する。大名一人だけならば、それほど混雑にはならないが、江戸城まで「大名行列」と呼ばれるような隊列を組んでいかなくてはならない。行列の人数は石高によって異なり、浅野家は四十万石であったので、百七十人ほどの人数になる。浅野家は人数が多い方で、すべての大名がこのような大人数を引き連れていたわけではないが、それでも二百弱の大名ともなると、行列の人数は一万人近くなっただろう。それが一カ所を目指すのだ。当然、ほかの大名行列とかち合うことも考えられる。自分よりも格上の大名とかち合った場合は道を譲らなければならず、さらに相手が御三家だった場合は乗物（駕籠）から降りて挨拶しなければならない。こうした煩《わずら》わしさを避けるために他の大名家の行列を見かけたら、わざと脇道に入るなどした。こんなことをしているから、最短ルートならば三十分もかからない距離なのに何倍もの時間がかかってしまう。

主の帰りを待つ供の群れ

ようやく江戸城に到着するが、大名行列のまま江戸城の門をくぐることはできない。大手門の前にかかる橋のたもとに下馬という札が掲げられている。特に江戸城の大手門の場合は大下馬という。馬に乗ってきた者はここで馬を下りなくてはならない。と同時にお供の大半はこれ以上は先に進むことができない。そのため、この周辺で殿様が出てくるまで待っていなければならなかった。すぐに出てくればよいが、早くても二～三時間はかかる。夏は暑いし、冬は寒い。喉《のど》も渇《かわ》けば腹も減る。こうしたお供たちを相手に冷水《ひやみず》や甘酒などを売る行商人が集まってきた。「買い食いは行儀が悪いので遠慮するように」と言われていたが、背に腹は代えられない。

また、ここは大名行列を見学する人々が訪れ、ある種の観光名所となっていたという。地方から江戸に出てきた人が、おらが藩のお殿様の晴れ姿を見ようとしたのだろうか。こうした人々を相手に『武鑑《ぶかん》』という大名名鑑を売る商人もいた。ここで売られていたのは『袖武鑑』と呼ばれる小さなハンディータイプの物。これには大名別に家紋や行列の先頭に掲げられる槍の形や数などが書かれていて、突き合わせると、目の前の大名行列がどこの藩かわかるようになっていた。

駕籠に乗って通れる御三家

大名とともに江戸城内に入れる供の数は、一万石以上から従四位未満、もしくは十万石未満の場合は侍四人か五人、草履《ぞうり》取り一人、着替えなどを入れておく挟箱《はさみばこ》持ち一人、乗物を担ぐ六尺《ろくしゃく》四人であった。これが従四位以上か十万石以上の場合は、侍六人、草履取り一人、挟箱持ち二人、六尺四人と人数が増える。雨の時には、傘を差しかける傘持ち一人が追加される。

大手門を通過した大名だが、そのまま駕籠で進めるのは約百三十メートル先にある大手三之門まで。

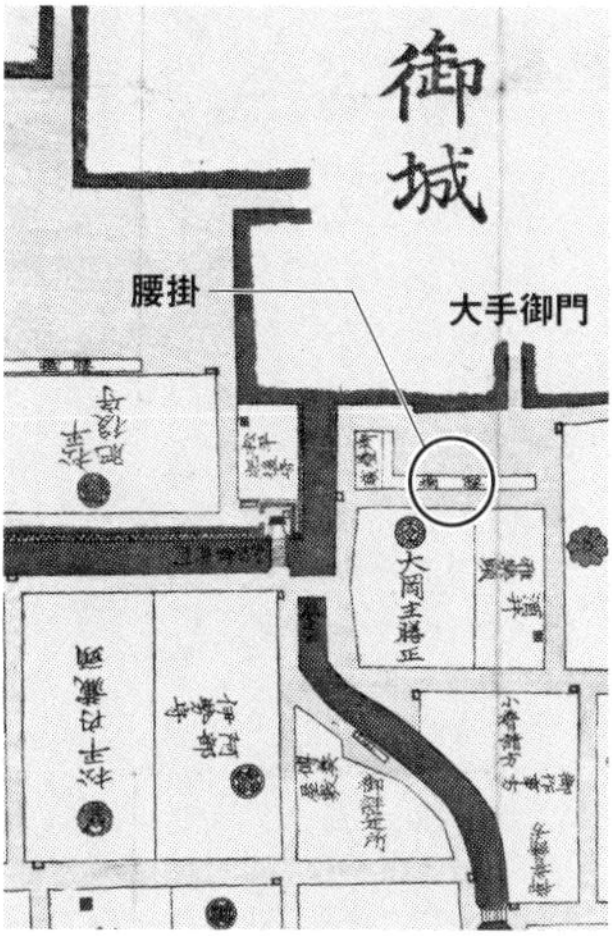

大手門口前の待機場所「腰掛」（「御江戸大名小路絵図」国立国会図書館蔵）

ここで大半の大名は駕籠から降りて、後は徒歩で向かわなければならない。駕籠は不要となるので、供も十万石以下か従四位未満の大名の場合、侍二人、草履取り一人、挟箱持ち一人に、十万石以上か従四位以上の場合は侍三人、草履取り一人、挟箱持ち一人に減る。駕籠で進める大名は御三家だけなので、この人数に六尺四人がプラスされる。

大手門から入ると、番所がある。駕籠のまま進んだ御三家は、百人番所の前は乗ったまま通過することができるが、その奥にある大番所の前では降りなければならなかった。さらに、先にある中之門ではすべての大名が、挟箱持ちをここで待たせておかなければならなかった。

最後は一人徒歩で

さて、いよいよ、江戸城御殿の玄関に到着。ここからは大名が一人で行動することになる。その前に、各大名が腰に差している大小の刀のうち、大刀を置いていかなければならない。そのため大名は腰に差した大刀を腰から抜いて供としてついてきた侍に預ける。この侍を刀番という。御殿に大刀を持って入れるのは城内警備の武士、御三家、大老、城内の監察にあたる目付《めつけ》を務める旗本だけであった。ただし、親藩大名は刀番が式台（玄関先にある部屋）まで入ることができた。さらに御三家の場合には御殿の中、大広間の溜《たまり》まで大刀を持ち込むことが可能であった。江戸城内で浅野長矩が、吉良上野介に斬りつけた時に、大刀ではなく小刀であったのは、大刀は江戸城内に持ち込めなかったからだ。

大刀が持ち込めていたら、吉良は絶命していたかもしれない。

ここで草履を脱《ぬ》いで草履取りに預ける。ここまで二時間近くかかるわけである。しかし、将軍に会える時間はほんのわずかにすぎない。将軍に会うといっても大半の大名は、平伏《へいふく》している間に将軍が部屋に入って来て言葉をかけて去っていくので、将軍の顔を見ることはなかった。この儀式が終わるまで二時間から三時間かかるといわれている。その後は来た道をたどって屋敷に戻るのだ。

登城途中で道を譲る、江戸城の門を通過する供の数、駕籠で行ける場所、帯刀できるかできないかなど、将軍に会うまでに、様々な場所で自分のランキングを再確認させられることになったのである。

〈十二〉江戸城の正月

真っ先に正室と盃を交わす

江戸城内で行われた儀式のうちで最も盛大に催《もよお》されたのが、元日から三日にかけて行われた年始の儀式であった。これには大名だけでなく、旗本たちも江戸城に登城して年賀のご挨拶を将軍に申し述べる。それとともに飾《かざ》り太刀《だち》と馬を献上し、将軍から盃《さかずき》を下賜《かし》された。これには、年頭に固めの盃を交《か》わし、主従関係を改めて確認し合う意味が込められていた。

将軍は大名との盃を交わす前に、まずに家族との盃事《さかずきごと》を行う。最初に行うのは大奥での御台所《みだいどころ》（正妻）との盃事であった。元旦《がんたん》、将軍は御台所とともに歴代将軍の位牌《いはい》に礼拝《らいはい》し、大奥で新年の宴《うたげ》を催す。この宴で将軍と御台所の盃には屠蘇《とそ》と白散《びゃくさん》（粉薬）が三献《さんこん》ずつ注がれる。その後、雑煮を三椀食べると、盃が下げられ、あらためて朝食となった。

余談だが、歴代将軍は神君家康の艱難辛苦《かんなんしんく》を思い出せば、のんびり餅《もち》など食べていられないと、餅の入らない雑煮を食べたといわれる。一方で、江戸の年中行事を紹介した『東都歳事記』は徳川家の雑煮について、「……餅、大根、牛蒡《ごぼう》、焼豆腐、芋《いも》、くしこ、昆布、くしあわび、結《むす》び蕨《わらび》であった」と記している。

この後、将軍はプライベート空間である中奥で、年始の儀式を執《と》り行う。ここでは自らの世子や御三卿と盃を交わす。プライベート空間で盃を交わすということは、世子だけでなく御三卿も家族という証左だ。この時、将軍は直衣《のうし》姿で、世子は直垂《ひたたれ》姿であったという。まず、世子から飾り太刀と太刀献納の目録が上げられる。介添役《かいぞえやく》の老中がその旨《むね》を将軍に披露すると、太刀と目録が将軍の前から下げられる。その後、盃を交わすという段取りであった。

続いて、御三卿と同様の儀式が行われる。ただし、介添役は老中ではなくワンランク下の若年寄となる。太刀のお返しであろうか、御三卿の面々は将軍から呉服を拝領した。

大名たちとの盃事

中奥での儀式が終わると、今度は表で大名たちとの儀式に臨む。

まず、御三家と加賀前田家。それに将軍の娘を正室に迎えた津山松平家や鳥取池田家から年始の挨拶を白書院で受ける。将軍は白書院の上段に座るが、世子も同席、下席には年始の挨拶を申し述べる大名だけでなく、老中、若年寄、飾り太刀や目録を披露する奏者番、高家などが並んだ。

奏者番は、大名や旗本が将軍に謁見する際、献上品の披露、将軍からの下賜品の伝達など儀礼進行を差配する役職。比較的、若年《じゃくねん》の大名が就任し、役目を上手に全《まっと》うしたあかつきには、若年寄や老中就任への道が約束された。太刀や目録の披露一つとっても、各人の力量がわかるようになっており、読み上げのミスなどは許されなかった。

御三家や加賀前田家たちとの盃事がすむと、今度は従四位以上の親藩や譜代大名の番である。従四位以上の大名は独礼《どくれい》といって、将軍と一対一での対面ができた。だが、これより下の官位は、単独での拝謁は許されず集団で行う立礼《りつれい》となった。つまり、従四位以上の大名は年始の儀式ではサシで将軍と盃を交わすことができたのだ。ただし、盃を賜《たまわ》る場所や拝領の呉服が置かれる場所には、位階によって差があり、さらに、同じ位階でも官職によって差がつけられていた。

集団でご挨拶

白書院での盃事が終わると将軍は大広間へと向かう。従五位の大名たちが大広間の二之間や三之間で待っており、部屋の前には献上用の飾り太刀と目録が置かれている。将軍はまず大広間の下段に向から。老中が下段と二之間を仕切る襖《ふすま》を開き、控える大名たちを代表して将軍に向かい、「いずれも年始のお礼を申し上げます」と挨拶をした。これに答える形で、将軍は平伏している大名に「めでたい」と声をかけた。老中が「上意を蒙《こうむ》り、ありがたく存じます」と応答し、襖を閉める。

ここでは、太刀を献上した大名の名前の披露はなく割愛される。それどころか、一対一での盃のやり取りはなく、二、三人が同時に将軍の前に進み出て盃を受け取り、盃のやり取りを行う。人数が多いため複数同時に行えば、時間の短縮になる。まさに儀礼だった。また、お酌《しゃく》も高家ではなく、格下の書院番頭が担当した。

盃を賜った後は呉服を拝領して二、三人ずつ退出する。すべての大名が終わると、将軍は中奥に戻った。

二日目は、御三家の嫡子や子息、国持大名クラスの有力外様大名に加えて、旗本も将軍に年始の挨拶をした。旗本は将軍に拝謁できる資格を持ってはいるが、実のところ、旗本連中は将軍のいない大広間に七人もしくは九人ずつ並び、書院番頭のお酌で盃を飲み干し、盃を懐に入れて退出する決まりになっていた。退出の時、大名たちは呉服を賜ったが、旗本たちに下賜の品はない。大名は三百人弱だが、旗本は数千人もいたのだから仕方がなかったのかもしれない。

正月早々、大名や旗本たちは、将軍にどのタイミングでどのように将軍に年始のご挨拶したのかということで、自分の地位がどの程度なのかを毎年思い知らされるのである。

〈十三〉大老になれる家

十人しかいなかった大老

常置の幕府の役職で、最高位は老中だった。二万五千石以上の譜代大名の中から選ばれ、将軍を補佐しながら、幕府の政務の一切を取り仕切った。老中がいなければ、幕政は回らないといっても過言ではない。

幕府のナンバー2であった老中だが、非常時には老中の上に「大老」職が設けられることがあった。将軍に建言することができ、大老の決裁は将軍も動かすことがかなわなかった。これほどの権力を持っていたこともあり、誰もが大老になれるわけではなかった。寛永十五年（一六三八）、下総古河藩主《しもうさこが》であった土井利勝《どいとしかつ》と若狭小浜《わかさおばま》藩主の酒井忠勝《さかいただかつ》が大年寄《おおどしより》（年寄＝老中）に就いたのが、大老の始まりだとされている。

始まりは二人であったが、大老に改められてからは定員一人。幕府の役職は複数人で務めるのが普通で、交代で職務をこなすが、大老は例外であり、毎日登城しなければならなかった。

非常時の特別職でもあって、江戸時代を通して就任したのは、わずか十人にすぎない。譜代大名で、十万石以上という規定もあり、大老に就任しうる家も少なかった。多くの譜代大名は石高があまり高くなかったからである。

十人を列挙すると、土井利勝（寛永十五〜正保元年）と酒井忠勝（寛永十五〜明暦二年）。その後は上野厩橋《こうずけうまやばし》の酒井忠清《さかいただきよ》（寛文六〜延宝八年）、下総古河の堀田正俊《ほったまさとし》（天和《てんな》元〜貞享《じょうきょう》元年）、近江彦根《おうみひこね》の井伊《いい》直興《なおおき》（元禄十〜元禄十三年）、近江彦根の井伊直該《なおもり》（宝永八〜正徳《しょうとく》四年）。井伊直興は隠居後、直該と名前を替えて再び藩主の座に就き、大老に再任したので、同一人物が二回重職を務めたことになる。近江彦根の井伊直幸《なおひで》（天明《てんめい》四〜天明七年）、近江彦根の井伊直亮《なおあき》（天保《てんぽう》六〜天保十二年）と続き、大老といえば必ず名前の挙がる近江彦根の井伊直弼《なおすけ》（安政五〜万延元年）が就任する。彼が最後の大老ではなく、その後、播磨《はりま》姫路の酒井忠績《ただしげ》（元治《げんじ》二〜慶応元年）が短い間務めた。

こうして見ると、大老の役職はほとんど井伊家が務め、酒井家が三回、土井家と堀田家がそれぞれ一回と、井伊家が役職を独占しているような状態であった。

〈十四〉徳川家一門衆

尾張家よりも石高の高い越前家

徳川一門をいくつかの項目で比較すると、官位では尾張徳川家と紀伊徳川家が同率首位。これに石高も加味すると、御三家筆頭らしく尾張徳川家がトップになる。しかしながら、石高だけ取り上げると、実は尾張徳川家よりも高かった家があった。越前松平家である。越前松平家というと、幕末に活躍した藩主の松平春嶽を思い出す方もいるかもしれない。

藩祖は徳川家康次男の秀康。長男の信康《のぶやす》は織田信長の命により自刃《じじん》したので、順序からなら次男の秀康が二代将軍になる可能性があった。実際にはご承知の通り、秀康を飛ばして三男の秀忠《ひでただ》が将軍になった。これには、秀康が当時忌《い》むべき存在であった双子として生まれたからだとも、顔が魚のギギ（ナマズ目の淡水魚）に似ていて醜《みにく》かったからだともいわれている。真相はわからないが、家康は秀康を自分の子としてなかなか認知しようとはしなかった。

結局、秀康は嫡男になることはなく、豊臣秀吉のもとに養子に出され、その後、下総（現在の千葉県・茨城県）の名族である結城家へ養子に入った。そして、関ヶ原の戦い後には越前北ノ庄に六十八万石を与えられた。尾張徳川家が六十一万九千石なので、六万石以上も石高が高く、親藩の中では言うまでもなくトップだ。これは家康が将軍に就けなかった秀康に配慮したものだと考えられている。北ノ庄はのちに福井と改められ、結城から松平に改姓し、ここに越前松平家が誕生する。

越前松平家は二代将軍の兄が藩祖であったことから将軍の規制がおよばない特権的な家とされ、制外の家と呼ばれた。とはいうものの、徳川姓でなかったため、当主は将軍になることはできなかった。

二代目の忠直《ただなお》の時、こうした将軍家との微妙な関係のせいか、参勤交代拒否という形で不満が噴出する。さらに忠直が重臣を攻め滅ぼすなどの暴挙に出たため、秀忠は隠居を命じて豊後《ぶんご》(現在の大分県)に幽閉した(忠直は豊後で一生を終えている)。

忠直嫡男の光長《みつなが》は越後《えちご》高田(現在の新潟県高田市)へと転封《てんぽう》となり、代わって秀康次男の忠昌《ただまさ》が五十万石で、越前福井三代目藩主となった。

なお、越前松平家の系統の大名には、松江松平家や明石《あかし》松平家、津山松平家がある。さらに越前松平家の支藩には糸魚川《いといがわ》松平家、松江松平家の支藩として広瀬松平家と母里《もり》松平家があった。

ご落胤が藩祖

二代将軍の兄が藩祖だった越前松平家だが、三代将軍(家光《いえみつ》)の弟が藩祖となったのが会津松平家である。越前松平家同様、幕末に活躍した藩主の松平容保《かたもり》が有名である。藩祖は〈四〉で前述したが、二代将軍秀忠の庶子であった保科正之である。秀忠の正室が嫉妬《しっと》深く、正之の誕生は秘密にされていたという。

正之が初めて兄に会ったのは、家光が最大のライバルであった弟の忠長《ただなが》を蹴落として世子の座を手に入れた後とされている。世子の座を手に入れてから知り合ったからか、家光はこの異母弟を大変かわいがった。正之は信濃高遠藩主であった保科正光の養子となり、寛永二十年（一六四三）、陸奥《むつ》会津（現在の福島県会津市）に二十三万石で入った。この時点では、会津藩は親藩ではなく譜代であった。元禄九年（一六九六）、三代藩主の正容《まさかた》の時に松平姓を下賜《かし》され、晴れて親藩となった。ただし、やはり松平姓であったので、当主は将軍になることはできなかった。

徳川家の歴史と松平家

さて、松平姓だが、「十八松平」という言葉を聞いたことはないだろうか。これは家康以前に分かれた一族を指す総称である。

こちらも〈四〉で簡潔に説明したが、松平・徳川家初代は三河《みかわ》国加茂《かも》郡松平郷（現在の愛知県豊田市）の豪族だった松平太郎左衛門こと親氏である。

三代目の信光は子どもが多く、まず岩津松平家当主で長男の親長《ちかなが》が惣領家を継いだ。しかし、駿河《するが》（現在の静岡県）の守護大名であった今川家との戦いに敗れて勢いを失ったため、弟の親忠（安城松平家）が親長の代わりに惣領家となる。岩津松平家は親長の子の代で滅び、安城松平家が名実ともに惣領家となった。

二代後の清康（家康の祖父）は一族の統一を進めている最中に家臣に殺されてしまう。跡を継いだ息子の広忠《ひろただ》はまだ若く、一族を抑えることができず、三河から追い出されてしまった。三河に戻るために駿河を支配していた今川義元の力を借りる。その代償として今川家に従属することになり、嫡男の家康を人質として差し出したのである。広忠は若くして亡くなり、わずか八歳の家康が当主の座に就いた。しかし、依然として今川家に留め置かれたままであった。

永禄《えいろく》三年（一五六〇）、桶狭間の戦いで今川家当主の義元が敗死すると、家康は自立することができた。家康は三河統一とともに一族の統制に力を注ぐ。その過程で考え出されたのが、清和源氏《せいわげんじ》である新田《にった》氏の流れをくむ徳河（得川）への改姓であった。この頃の家康にとって天下統一は、おそらく夢のまた夢の出来事であっただろう。しかし、頭の片隅にはもしかしたらという思いがあったのかもしれない。俗説だが、武家の政権は、平氏と源氏が交代で務めると考えられており、信長は天下統一の可能性が見えてきた頃から平氏の家紋である揚羽蝶《あげはちょう》を使用するようになったといわれている。

永禄九年、朝廷は家康が徳河（得川）の末裔《まつえい》であることを認め、徳河をもじった徳川へ改姓を許可。その後、朝廷から三河国の支配者を意味する三河守《かみ》に任じられた。これで、家康は三河国の支配を認められ、松平一族の中で一段上の存在となったのである。

本当は十八家ない十八松平

朝廷から認められた存在になったことを利用して、家康は一族との関係を主《あるじ》と家臣という主従関係に切り替えていく。

この時点で、家康の惣領家以外の松平家は十八ではなく十四だった。十八は仏教用語の十八界が語源ともされているが、歌舞伎十八番や十八大通（富裕商人）の言葉もあって、江戸時代によく使われた数字である。現在の三大〇〇というのと同じ感覚だったようだ。

三代信光に子どもが多かったと前述したが、この時に分かれたのが、竹谷《たけのや》松平家、形原《かたのはら》松平家、大《おお》草《くさ》松平家、五井《ごい》松平家、深溝《ふこうず》松平家、能見《のみ》松平家、長沢松平家の七家。その次の親忠の代で分家したのが、大給《おぎゅう》松平家、滝脇松平家。五代目長親の時に福釜《ふかま》松平家、桜井松平家、東条松平家、藤井松平家が、六代目信忠の時に三木松平家が分家し、計十四家となった。このうち、東条松平家と三木松平家は、幕府の機構が整う前に断絶している。一族がみな松平姓なので姓の前に支配地名をつけて表した。こうしなければ、各家の区別がつかなかったのであろう。

徳川の一族ということで十四松平家が優遇されたのかといえば、実はそうでもない。十四松平の内、大名になったのは形原松平家、深溝松平家、能見松平家、大給松平家、滝脇松平家、桜井松平家、藤井松平家の七家だけである。このうち、大給松平家と桜井松平家は、大名となった松平家の中でも筆頭として扱われた。

竹谷松平家と五井松平家は交代寄合《こうたいよりあい》、福釜松平家は旗本であった。大草松平家は旗本であったが、途中で断絶。残る長沢松平家は交代寄合であったが断絶。その後、三河の有力領主であった大河内正綱《おおこうちまさつな》が同家を継いだ。

家康の代になる前に分かれた一族は、譜代でも大名ではない家もあり、家康の子孫たちのように親藩とはならなかったのである。

〈十五〉御三家vs.御三卿

御三家とは

御三家と御三卿は、一字違いではあるが、似て非なるものである。

御三家は徳川家康の子どもを祖とする一門である。九男の義直《よしなお》が祖となる尾張徳川家、十男の頼宣《よりのぶ》が祖となる紀伊徳川家、十一男の頼房《よりふさ》が祖となる水戸《みと》徳川家の三家からなる。徳川宗家の男子が絶えた場合、この三家から将軍を輩出する目的で設けられた。

この御三家だが、三家のうち石高トップの尾張家で六十一万九千石となり、外様雄藩の前田家・島津家・伊達家・越前松平家に次ぐ石高となった。一方、石高ではこれらの大名に負けるが、官位官職では従二位の大納言《だいなごん》まで昇進することができた。官位でいえば、将軍に次ぐ高位であった。紀伊徳川家は五十五万五千石で、尾張徳川家と同じく従二位大納言まで上がることができた。

残された水戸徳川家。三十五万石とほかの二家の半分ほどの石高しかなく、官位官職も従三位《じゅさんみ》中納言までしか昇進できない。余談だが、中納言を中国風にいうと黄門となった。黄門様といえば、水戸徳川家二代藩主であった光圀《みつくに》を連想する方も多いと思うが、代々の水戸徳川家の当主は中納言になっているので、厳密にいうと「水戸黄門」は必ずしも光圀を指しているわけではないのだ。このように御三家は、生まれた順に序列が決まっていたのである。

御三卿は吉宗の子孫

一方の御三卿は、八代将軍徳川吉宗《よしむね》の子・孫を祖とする一門である。次男の宗武《むねたけ》が祖となる田安徳川家、四男の宗尹《むねただ》が祖となる一橋徳川家、吉宗嫡男で九代将軍となった家重《いえしげ》次男の重好《しげよし》を祖とする清水徳川家の三家からなる。御三家と同じように徳川宗家の跡継ぎが途絶えた時を想定して設けられた。各々の家名は江戸城の見付《みつけ》となる一橋門、田安門、清水門近くに屋敷があったために呼ばれている通称である。

なお、徳川の分家は御三家・御三卿のほかにも越前松平家や会津松平家などがあった。しかし、将軍に就任できるのは、正式には徳川を名乗っていた御三家と御三卿だけである。

寛政の改革を推進したことで有名な老中の松平定信《まつだいらさだのぶ》は、御三卿の田安家に生まれた。父は田安家祖の徳川宗武。つまり、定信は八代将軍の孫にあたる。頭も切れたため、十代将軍だった家治《いえはる》の世継ぎになるとの噂《うわさ》もあったが、定信は十七歳の時に白河《しらかわ》藩へ養子に出された。白河藩主の姓は松平であり、徳川ではなくなった。将軍就任は徳川姓限定なので、この時点で、定信は将軍候補から外《はず》れた。英邁《えいまい》な定信を恐れた老中の田沼意次《たぬまおきつぐ》が密《ひそ》かに関与した人事といわれている。このほか、幕末に活躍した越前松平家の松平春嶽も同じように田安家に生まれたものの、越前松平家へ養子に入ったので、将軍になることはなかった。

当初は公平だった

御三卿の石高はいずれも十万石。しかし、江戸城内に屋敷をもらい、正月には次期将軍になる世継ぎの次に将軍に拝謁でき、大奥に出入りも許されるなど、将軍の家族扱いであった。家臣も幕府から出向してきた者や幕臣の次男・三男がほとんどで、自前の家臣は少ない。幕府人事の影響を受けて家臣の顔触れが変わることもしばしばあった。

御三卿が成立した当初は、三家に格差はなかった。しかし、田安家二代目当主の治察《はるさと》が跡継ぎを決めずに亡くなると、十四年も当主がいない状態が続いた。これが御三卿の特徴といえるだろう。この当主不在の状態を「明屋形《あけやかた》」といい、御三卿の中で最後にできた清水家は当主のいない時期が長かった。田安家は十四年後、一橋家から養子に入った斉匡《なりまさ》が継いでいるから、実質は一橋家に乗っ取られたようなものである。しかも、斉匡の兄が徳川宗家に入り、十一代将軍家斉《いえなり》となった。格差のなかったはずの御三卿だが、いつのまにか一橋家が頭一つ分抜きん出る構図になった。また、石高や官位は御三家よりも御三卿の方が下であったが、十一代将軍には御三家からではなく、御三卿から出た家斉が就任している。

御三家筆頭の尾張徳川家では、九代宗睦《むねちか》の時に跡継ぎがなく、藩祖義直の血が途絶えてしまった。尾張家では、こうした万一のために高須《たかす》家という分家を設けていた。幕末に会津藩主を務めた松平容保《かたもり》の実家である。しかし、幕府はこの高須家から養子を取ることを許さず、一橋家から送り込んだ慥千代《やすちよ》を十代当主の斉朝《なりとも》とした。この後も十二・十三・十四代の尾張藩主は御三卿からの養子が就いた。御三卿は尾張徳川家のライバルである紀伊家出自であることから、尾張藩士の反発を招いたという。

また、その紀伊家にも清水家の当主が二人養子に入り、藩主に就いている。ただし、御三卿はもともと紀伊家の子孫が宗家なため、尾張藩のような拒否反応はなかったようだ。残る水戸家にも御三卿から養子を取るという話が浮上したが、家内を二分するような騒ぎとなり、取りやめとなった。この時、藩主の座に就いたのが烈公こと徳川斉昭《なりあき》である。

御三卿各家は、家格で上位にあった御三家に養子を送り込むことで御家《おいえ》乗っ取りを画策したのである。幕末、御三卿の筆頭であった一橋家に水戸斉昭の七男である慶喜《よしのぶ》が入り、最後の将軍になったのは、なんとも皮肉な話である。

〈十六〉姫の嫁ぎ先

姫専用の建物と門を準備する

格式を重んじる江戸時代では、日本の最高権力者であった将軍の娘となれば、嫁《とつ》ぎ先はいずこでもオーケーとはいかず、それなりの家でなければならなかった。たとえば、二代将軍秀忠の長女・千《せん》姫は豊臣秀吉遺児の秀頼《ひでより》と結婚、五女・和子《まさこ》は後水尾《ごみずのお》天皇に嫁いだ。

この二人は特別としても、二百石程度の旗本の家に嫁ぐことは、まずあり得ない。将軍家と釣り合うような石高の大名と結婚するケースが多かった。というのも、将軍の娘をもらうには御守殿《ごしゅでん》と呼ばれる姫が住む建物と、それに付属する御守殿門を新造するだけの屋敷地と財力を持っていなければならなかった。御守殿門は朱で塗られていたから、別名赤門とも呼ばれたが、東京大学本郷キャンパスに残る赤門は、十一代将軍家斉の娘（溶《やす》姫）が加賀前田家に輿入《こしい》れの際に造られた門だ。江戸の町にはこうした赤門が複数あったのである。

東京大学の赤門を見ると気がつくが、門の両脇には門番が控える部屋が付属している。姫が単独で大名家に移るのではなく、彼女の面倒を見る大奥女中も同行する。だいたい二十人以上はいたという。

御守殿は少なくともそれだけの人数を収容できなければならなかった。となると、御三家や国持大名のような大大名クラスでなければ、それに応じることができない。前田家には溶姫以前にも秀忠の娘である珠《たま》姫、五代将軍綱吉の娘の松姫。尾張家には三代将軍家光長女の千代姫と十一代将軍家斉の娘の淑《ひで》姫。紀伊家には五代将軍の娘の鶴姫、十代将軍家治《いえはる》養女の種姫。水戸家には十一代将軍家斉の娘の峰姫が、さらに水戸藩の支藩である高松藩に家斉の娘の文姫が嫁いでいる。

さらに国持大名であれば、綱吉および八代将軍吉宗の養女の竹姫が薩摩島津家、同じく吉宗の養女の利根姫が仙台伊達家へ。家斉の娘は先の溶姫のほか、和《かず》姫が毛利家、末姫が安芸《あき》浅野家、泰姫が因《いん》州《しゅう》池田家に嫁いでいる。幕閣としても将軍の姫を嫁がせ、将軍家の親族とすることで、国持大名である外様大名を身内へ取り込もうという計算が働いていた。

十一代将軍の家斉は子だくさんで知られ、その数、五十五人。過半数は幼い頃に亡くなっているが、十二人の姫は成人した。年頃の姫たちをいつまでも江戸城内に置いておくわけにはいかず、結局はややレベルの下がる佐賀鍋島家や会津藩にも娘を嫁がせるほかなかった。

コラム

マウンティングが反映された出世双六

双六《すごろく》というと、コマ割りされた盤面上に区切られたマスがあり、サイコロを振って出た目の分だけ自分の駒を進める、子供でも大人でも楽しめるボードゲームだと思う人が多いだろう。実は、こちらは「絵双六」といい、かつての双六は絵双六とは違う物を指した。現在、バックギャモンと呼ばれている盤ゲームによく似ていた物であった。

サイコロを振って出た目の数だけ自分の駒を動かしてゴールを目指すところは、絵双六と同じだが、同じ個所はそのくらいで、二人で向かい合ってプレーし、自分の駒を相手方の陣地へ全部入れれば勝ちとなり、絵双六とはかなり違う。絵双六に対して「盤双六」といい、インドに起こり、日本には奈良時代に中国から伝わったと考えられている。正倉院の御物《ぎょぶつ》（天皇の所蔵品）の中にも双六盤が含まれており、十二世紀に成立したとされる『源氏物語絵巻』の中でも盤双六を楽しむ様子が描かれているので、遅くとも平安時代には身分の高い人々の間で広まっていた遊びであったと考えられている。

この盤双六。やはり、金をかけてのプレーが多く、賭博性《とばくせい》が高いと幕府から何度も禁止命令が出されているが、江戸時代中期までは盤双六は身分の高い人々のたしなみとされていたこともあ

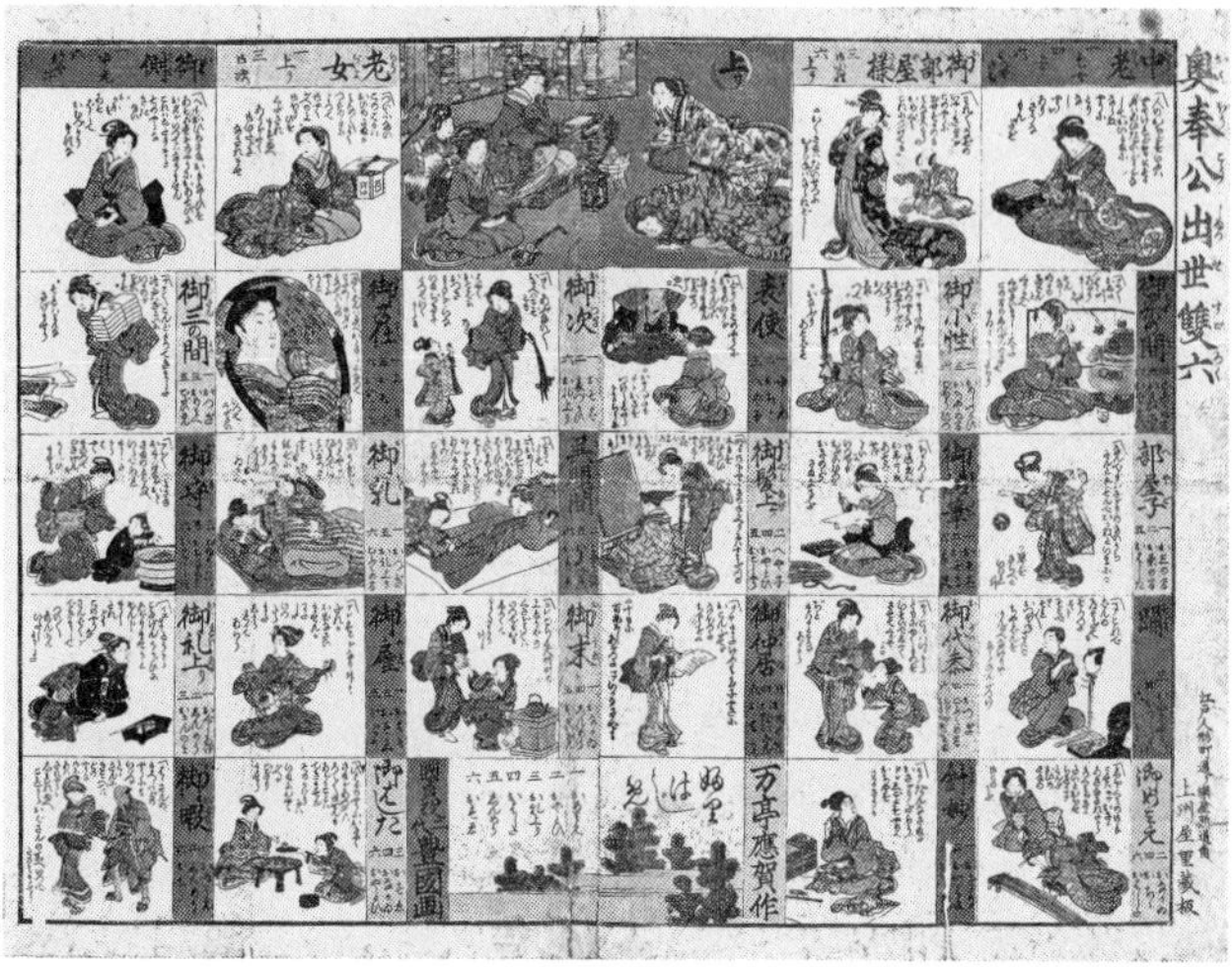

奥仕えの女性の出世を題材にした「奥奉公出世双六」（東京都立中央図書館蔵）

り、なかなか禁止とまではいかなかった。

実は、盤双六と入れ替わるように広まったのが、絵双六である。これには、江戸時代の出版文化の隆盛が大きくかかわっている。安価で何色もの色を使った鮮やかな刷り物を作ることが可能になったからこそで、さらに絵双六なら子どもも楽しむことができたのがヒットの要因だった。そして、同じように出版が盛んになったことで大いに作られたのが見立番付であった。

見立番付は、様々なランキングを相撲の番付に見立てた物。一方、絵双六は振り出しから上がりを目指して駒を進めるゲームである。京都を目指して東海道を旅する物や、江戸や京都などの名所を巡る物、さらには登場人物が多い『源氏物語』『南総里見八犬伝』『三国志』『仮名手本忠臣蔵』の世界をめぐる物も作られた。

こうした絵双六の中で「出世双六」というジャンルがある。低い身分から様々な努力をし、幾多の困難を乗り越え、最終的には偉くなるというもの。商人や幕臣、女性ものなどがある。こうした双六では当時の人々が感じていた格差社会が反映されていると考えてよいだろう。幕臣の場合は、寄合や小普請といった何も役職に就いていないところから大名にまで出世するのが、ゲームの「上がり」だ。実際に幕臣の身分から大名になった人もいないわけではなかったので、まるきりのフィクションではない。商人であれば上がりは万福長者であった。女性は良家の奥様（上流階級の武家や富裕商人）を目指した。こうした自分たちの身分を超えて上を目指す大出世話は、江戸時代の人々も好きだったようだ。

第二章

江戸の格付事情【幕臣・陪臣篇】

〈一〉将軍直属の家臣

旗本と御家人の違い

将軍と直接主従関係を結んでいる武士のうち、一万石以上が大名、それ以下が幕臣ということになる。幕臣は旗本と御家人《ごけにん》に分かれ、旗本と御家人では旗本の方が格式は上である。

では、旗本と御家人の違いはどこにあるのだろうか。

古い江戸時代の研究書には、二百石以上が旗本、それ以下が御家人と石高、つまり給金で区別しているものがある。実際には、旗本と御家人の違いは収入ではなく、将軍にお目見え、つまり会うことができるかできないかで決まった。ただし、将軍に面会「できる」「できない」といった石高が、だいたい二百石くらいで分かれ目となり、このような説が流布《るふ》していた時代があったようだ。石高《たか》の多寡ではないので、お目見え可能な二百石以下の旗本もいた。

一万石を超えると大名になるため、上限は九百九十九石までで、将軍にお目見えできる資格がある者が旗本になる。旗本の中には交代寄合《こうたいよりあい》といって、大名同様参勤交代を行う石高の高い旗本もいた。

当初は大坂に住む豊臣家に対する備えとして設けた制度だが、のちには最上《もがみ》や生駒《いこま》といった豊臣政権下の大名家、あるいは大名の分家などで占められるようになった。

また、赤穂事件で有名な吉良家は、高家という旗本の務める家格・役職に就き、幕府の儀式・典礼、朝廷の使者接待、伊勢・日光への代参などを行った。吉良のほか、畠山、武田といった足利氏以来の名門が世襲する。官位は大名クラスであるが、禄高は少なかった。

旗本と御家人の実質的なボーダーラインの二百石以上から馬に乗れるようになるため、旗本を人ではなく、騎と数える。俗にいう「旗本八万騎」はここから来ている。騎乗可能なクラスになると、屋敷の門には門番を置くことになっていた。だが、実際には二百石では門番を雇うほどの金はなく、馬を持つのもよほどのことがない限り難しかったという。

ちなみに、町奉行所の与力《よりき》はこの二百石相当。石高だけを見ると旗本なのだが、犯罪者を取り扱うことから、将軍へのお目見えは許されない御家人であった。一人一人が知行地を賜《たまわ》っていたのではなく、二十五人で一万石の知行をもらっていた。実際には土地から収穫された米百三十石から二百三十石を俸禄米《ほうろくまい》(給料)として支給された。

〈二〉幕臣の給与

幕臣の給与とは？

幕臣の収入は幕府からもらう「俸禄《ほうろく》」が主な収入源となる。この俸禄のもらい方だが、大まかにいうと、三つの方法があった。知行でもらう方法と米でもらう方法、それに現金である。一等格式が高いのは知行で、知行とは自分で支配する意となる。知行で百石といえば、百石の米が取れる前提の土地をもらう。こうした知行でもらうのは、大身と呼ばれる石高の高い旗本が多い。三河以来といわれる古くからの譜代なら、石高が低くても知行地を持っている場合もあった。知行は自領を支配する苦労はあったが、幕府から御用を言いつけられた際、もしくは屋敷の下働きに知行地から人を出すことができた。

知行地として人気があったのは、徳川家発祥の地とされる三河《みかわ》や、徳川家の旧領の遠江《とおとうみ》（現在の静岡県）や駿河《するが》（現在の静岡県）。家康が生まれた現在の岡崎市の辺りは、とくに人気が高く、旗本領、幕府領、岡崎藩領が複雑に交《ま》じり合っていたという。

米で給料をもらう

知行取りよりも下のクラスは、俸禄を米でもらう。石高の低い旗本や御家人は米でもらうことが多かった。俸禄米は毎月支給されるのではなく。春に四分の一、夏に四分の一、冬に四分の二が支給されることになっていた。公務員のボーナスが年三回なのは、この名残《なごり》だという。

さて、本来ならば、この俸禄米を浅草にあった蔵に本人が受け取りに行かなければならない。ただし、実際問題として大量の米をもらっても、幕臣たちがそれを現金に換えるのも面倒である。そこで、米を現金化することを代行する商売人「札差《ふださし》」の世話になる。この代行手数料だけでは大した儲《もう》けにはならないが、札差連中は幕臣がこれからもらう米を担保に金を融通《ゆうづう》した。いわゆる高利貸しである。翌年、人によっては数年後の俸禄米が借金のかたに入っていることもあり、幕臣は札差に頭が上がらなくなっていった。幕臣たちは借金を少しでも減らそうと、内職に手を染めることになる。御家人たちは役目ごとに組屋敷といって屋敷地をもらい、そこに集団で住んでいた。集団で内職に勤《いそ》しんだため、青山の傘、御徒町《おかちまち》の朝顔など、各エリアの内職品がその地の名産となっているケースも多かった。

さらに俸禄米ではなく現金でもらう下級の御家人もいた。三両一人扶持《ぶち》、おおよそ五十万円ほどが武士として最低の俸禄であったという。

〈三〉幕府の役職

石高で役職が決まる

武士は石高でどんな役職に就けるかが決まっていた。ただし、大名の場合は石高が高いからといって高い役職とは限らない。むしろ、財力と権力が結びつくことを幕府は恐れていたので、石高の高い外様《とざま》大名や御三家などは役職に就けなかった。幕政のトップである老中は二万五千石以上の譜代大名の中から選ばれる。財力と権力が結びつくことを恐れる一方で、石高が低すぎると江戸屋敷に常駐する家臣の数を増やすことや、大名同士の付き合いでの支出に堪《た》えられない。老中として歴史上に名を残した大名が、地元では領民に大きな負担を課したため、今でも不人気との話も聞く。そういった懸念もあったのか、実際には十万石以上の大名が任じられることが多かった。もちろん、例外もいた。江戸時代中期に活躍した老中の田沼意次《たぬまおきつぐ》。田沼は遠江相良《さがら》五万七千石と十万石以下だったが、老中職に任じられている。やはり、頭が切れたのであろう。

また、幕府の役職には譜代大名ではなければ就けないのが原則であった。外様大名であれば、どんなに努力しても幕職に就くことはできず、それを不満に思って若くして隠居してしまった大名がいたほどである。

しかし、天保《てんぽう》十二年（一八四一）に原則外のことが起きた。外様大名である信濃松代《しなのまつしろ》藩主の真田幸貫《さなだゆきつら》が老中に就任する。これは、幸貫が松平定信《まつだいらさだのぶ》（八代将軍吉宗《よしむね》の孫。陸奥白河《むつしらかわ》藩主で老中を務めた）の次男であったことが大きい。このほか、寺社奉行時の仕事ぶりが認められ、老中に抜擢《ばってき》された播磨龍野《はりまたつの》藩の脇坂安董《わきさかやすただ》がいる。この二人に共通するのは願譜代《ねがいふだい》だったことである。願譜代とは、譜代大名の出身の者が外様大名家を継ぎ、その後、譜代大名になることを願い出て認められた大名のこと。もちろん、願い出ればすべて認められるというものではなく、幕閣における功労などが必要だった。

役高と足高

一方、旗本の場合は、高い石高の方が高い役職に就くことができた。これは、仕事に必要な経費を自分で捻出《ねんしゅつ》しなければならないといった、やるせない事情があった。たとえば、将軍と老中をつなぐ役目である側衆《そばしゅう》は、五千石程度の旗本が任じられる。江戸城の警備や大奥の取り締まりなどを行う留守居なども五千石程度の旗本が就いた。この役職にはこの石高の者が就く、こうした決まりを「役高」という。

では、幕臣はどのような役職に就いたのか。大まかにいうと、旗本は組織をまとめる役が多く、御家人はその下に就く役がほとんどだった。

時代劇でおなじみの町奉行は三千石クラスの旗本が務める。町奉行は「お白州《しらす》のお裁き」だけが仕事ではない。今の役職にたとえると、最高裁判所長官、東京都知事、東京消防庁長官、警視庁警視総監を兼任しているような多忙なポジションであった。しかし、こうした役職をこなせる人物が三千石の旗本の中にいるとは限らない。能力と地位は比例しないことも多いからだ。

享保《きょうほう》二年（一七一七）、二千石に満たない大岡忠相《おおおかただすけ》が町奉行に抜擢され、享保八年、足高《たしだか》の制度が設けられる。これは役高に足りない旗本がその役職に就く間だけ足りない分を幕府が支給する制度だ。制定されたタイミングを考えると、吉宗は大岡が滞《とどこお》りなく仕事を進められるように制度を整えたともいえる。大岡は吉宗が見込んだように仕事をこなし、享保十年には加増されて三千石を超え、足高はなくなった。

実は、のちに大岡はふたたび足高の制度の恩恵にあずかることになる。元文《げんぶん》元年（一七三六）、本来、大名が務める寺社奉行に任じられたのだ。町奉行在職中に幾度か加増はされたが、当時は五千九百二十石でしかなかった。大名の最低ラインである一万石になるまで足りない四千八十石を支給してもらい、寺社奉行に就任したのである。寺社奉行は四人で務め、全国の寺社や僧侶、神職、修験者《しゅげんじゃ》、陰陽師《おんみょうじ》、虚無僧《こむそう》などの宗教者をはじめ、寺社領の農民や町人、あるいは囲碁《いご》、将棋の棋士、連歌師などを支配する仕事であった。なお、最終的に石高の加増があって一万石を超え、大岡忠相は三河西大平藩の藩主となった。

役職に就けない者たち

今までは、役職に就ける者について述べたが、役職に就けない者にも石高によって差があった。これは武士の数に対して役職が極端に少なかったからだ。寺社奉行が四人いるように一つの役職を複数でこなすことになっていた。これには、互いが見張り合って汚職を防ぐことを期待していたともいう。

もともとポスト不足であったのが、五代将軍の綱吉は将軍就任前に藩主を務めていた上野館林《こうずけたてばやし》藩の家臣を引き連れて将軍に就任したため、ポスト不足に拍車をかけた。八代将軍の吉宗も同じく紀伊藩主時代の家臣を連れて来ており、役職は不足する一方だった。

三千石以上で役職に就けない者は寄合《よりあい》、三千石以下は小普請《こぶしん》と呼ばれた。中には代々役職に就けない家もあったようだ。幕臣は幕府の仕事に従事し（奉公）、幕府から俸禄をもらう御恩に報《むく》いなければならない。しかし、御恩に報いようにも仕事がなく、恩を仇《あだ》で返すことになる。彼らは仕事をする代わりに一定の金額を幕府に納めなければならず、必然、内職に励むほかなかった。

〈四〉江戸の警察

南町奉行所と北町奉行所の違い

時代劇でおなじみの「町奉行」にも、序列があった。といっても、大岡越前が長期にわたって務めていたから南町奉行所が上で、遠山の金さんが北町奉行だった期間が三年未満だから北町の方が下ということではない。江戸城から見て少し北側にあったのが北町奉行所で、少し南にあったのが南町奉行所だ。少しと言ったのは、北町奉行所は現在の東京駅の八重洲《やえす》口辺り、南町奉行所は有楽町駅辺りと近かったからだ。一説によれば、北町奉行の方が格上とあるが、後述する通り、職の内容も南北で変わらないため、両奉行は同格であったともいわれている。

二つの町奉行所は、月替わりで当番を務め、訴訟などを受けつけた。前述したが、江戸時代はポストに対して武士の数が多かったので、一つの役職を複数でこなすことも多かった。これには一人に利権を集中させない側面もあったようだ。訴訟を受けつけていない非番時は休みではなく、受けつけた件について調査するなど様々な仕事があった。

大都市江戸を守り切れない？

時代劇で登場する与力は、江戸の町の治安維持を担当した町方与力を指し、二百石取りの御家人。何度か紹介した通り、二百石が旗本と御家人の境目《さかいめ》と考えれば、御家人としては上位だった。彼ら与力の下に同心がついた。江戸時代の期間によっても変わるが、おおむね与力の数は南北各二十五人、一人の与力に同心がだいたい四～五人配置されていたから、同心は百二十人程度いたことになる。

捕《と》り物《もの》に関係する現在の警察のような仕事を担当する同心は、定廻《じょうまわり》（犯罪捜査・犯人の捕縛《ほばく》）、臨時廻（定廻の補佐）、隠密廻《おんみつまわり》（変装して偵察する）となり、その数は三十人程度だった。刑事だけではなく裏方の人数も含むが、今の警視庁の総人数は五万人近い。一千万人の東京とは比べられないが、江戸中期には百万都市だった江戸でも三十人では隅々まで目が届かない。

そのため同心は、自分の手下を使ってカバーしていたのである。表向きの手下は小者《こもの》といい、同心が見回りに行く時には付いていく。犯人を逮捕する時には同心が手を下さずに、小者が捕縛する。この小者もたくさんいたわけではないので、これでも足りない。そこで、御用聞きや岡っ引きと呼ばれる非公式の者を使った。「岡」とは正式ではないという意味である。さらに、岡っ引きの下には子分の下っ引きがいた。岡っ引きの給金は同心のポケットマネーから出たが、生活するのに十分な額はもらえないので、岡っ引き連中は女房の名前で店などを経営している場合が多かったという。

〈五〉家来（供）の人数

格式が明確になる供の数

武士は戦うのが仕事である。有事の際には供を率いて戦場に駆け付けなければならない。この時、石高によって同道する家来の数が決められていた。大坂の陣で豊臣氏が滅びた翌年の元和《げんな》二年（一六一六）に定められ、寛永《かんえい》十年（一六三三）に改められた。慶安《けいあん》二年（一六四九）に新しい案が将軍に提出されたものの、実施されることはなかった。

石高二百石なら、槍持ち一人のほかに侍一人、甲冑《かっちゅう》持ち一人、小荷駄《こにだ》（軍備を運ぶ人）一人、それに馬に乗ることが許されているので馬の口取り一人、計五人を連れて行かなければならない。

二百石より百石増えた三百石では、さらに草履《ぞうり》取りと挟箱《はさみばこ》持ちが増える。挟箱の中には急な雨に備えての雨具（合羽《かっぱ》）や着替えなどを入れていた。このクラスになると、家政を取り仕切る用人《ようにん》を雇うようになる。

石高が増えるにしたがって引き連れていく家臣の数がぞろぞろと増える。八百石だと、侍四人、甲冑持ち二人、槍持ち二人、馬の口取り二人、小荷駄二人、草履取り一人、挟箱持ち一人、立弓（弓を運ぶ人）一人、鉄砲一人、沓箱《くつばこ》持ちの編成となる。これだけの人数になると、小荷駄も人だけでは運びきれずに馬も数頭必要になる。当時は馬の蹄《ひづめ》に蹄鉄《ていてつ》を打つのではなく、草鞋《わらじ》を履かせていた。草鞋はすぐに履き潰れてしまうので、替えの草鞋を運ぶために沓箱持ちが必要だったのだ。

さらに、この上の九百石取りだと侍五人、甲冑持ち二人、槍持ち二人、馬の口取り二人、小荷駄二人、草履取り一人、挟箱持ち二人、立弓一人、鉄砲一人、沓箱持ち一人の計十九人となる。こうなると、もはやちょっとした行列である。このクラスになると、用人は藩の家老のような役割を果たすことになる。

さらに石高が増えることによって、雇わなければならない人数が増え、より多くの馬を飼う義務も生じる。九千石ともなると、一万石の大名とほぼ同格となるが、大名になると、参勤交代などの御役目を果たさなければならず、持ち出しも多くなるが、旗本にはそういった支出はないため、小大名よりは生活が楽だったという。

〈六〉屋敷のスペース

石高と連動する屋敷の広さ

幕臣も大名と同様に「屋敷地」を将軍から拝領する。

御家人の場合、役職ごとにまとめてもらうケースが多かった。今でたとえると、社宅や官舎が人事部や総務部といった部署ごとに分けられているという感じだろう。といっても、今のような集合住宅ではなく、一戸建てであった。

旗本の場合は、石高によって屋敷地の広さが異なる。当然、石高の高い方が広く、八千石超クラスだと二千坪(二千坪はサッカーグラウンド一面ほど)余の屋敷地が支給された。五千~七千石だと千八百坪、三千~四千石では千五百坪強、二千~三千石だと千坪強、一千~二千石だと七百坪、千石以下では五百坪の屋敷を拝領していた例がある。石高と屋敷地の広さが比例するのは、外出時に供する侍や仲間、家事をこなす使用人などを住まわせておかなければならないからだ。石高が高ければ高いほど、供の数は増えるように決められていたので、その人たちの住まいを建てる土地が必要だったのである。

旗本の中には大名のように上屋敷と下屋敷と二つの屋敷地を持つ者もいたが、さすがにごく一部で、通常は一カ所であった。

では、旗本たちはどんなところに屋敷地をもらっていたのだろうか。江戸城の西側、つまり半蔵門方面は防御が手薄といわれていた。それを補うため、現在の千代田区番町付近には旗本屋敷が所狭しと立ち並んでいた。一説によると、江戸城の搦手《からめて》（裏口）にあたる半蔵門は、万が一の時にここから甲州街道を使って将軍が脱出する時に使用する門とされ、この際、旗本たちが屋敷から飛び出して将軍の護衛の列に加わることができるよう、周辺に配置されていたともされる。

ところで、屋敷地は支給されるが、建物は自分で建てなければならない。現実には前の住人が建てた建物に住むこともあったようだ。勝海舟、山岡鉄舟とともに幕末の三舟と呼ばれた高橋泥舟《たかはしでいしゅう》が、東京から静岡へと移る徳川宗家当主の家達《いえさと》に付き従ったが、引っ越し荷物のリストに襖《ふすま》や欄間《らんま》がある。建物を運ぶのは難しいので、せめて取り外《はず》せる建具《たてぐ》は運ぼうということなのだろうか。

さて、自前で建てる屋敷だが、金があっても好きなように造ることはできなかった。一例を挙げれば、石高によって門構えが決められていたのだ。百石だと冠木門《かぶきもん》だが、二百石だと長屋門に代わる。屋敷を見れば、おおよそどのくらいの石高なのかわかる仕組みになっていたのである。

〈七〉大奥のヒエラルキー

権力のない上臈御年寄

「大奥」とは、将軍の妻や子供たちが世話をする女性たちとともに生活をしている場所である。我が子を次の将軍にするため、将軍の寵愛《ちょうあい》を受けようとライバルを蹴落《けお》とすことにしのぎを削《けず》るようなフィクションが数多く作られたことで、女たちのドロドロした思惑が渦巻《うずま》く場所だというイメージを抱いている人も多くいることだろう。

確かにそうした一面もあるにはあったが、大奥はそれだけではなかった。大奥に勤める女性すべてが、将軍のお手付き、つまり側室になる可能性があったわけではなかったからだ。将軍に直接会えない女性たちも多く、こうした女性たちの働きがあってこそ、大奥は機能していたのである。大奥は当時の女性たちが活躍し、出世できる数少ない職場であった。絶大な権力を持ち、時には大奥の女性たちによって、老中の首まで挿《す》げ替えることができたとさえいわれている。

大奥で最も高い地位にあるのは、上臈御年寄《じょうろうおとしより》。最高職であるものの、権力はない。将軍や御台所《みだいどころ》の話し相手などが主な仕事であった。歴代の御台所はほとんどが公家の娘で、御台所が連れてきたお付きの者が務めることが多かった。小上臈は上臈の見習いで、やはり御台所が連れてきた者から選ばれる。御年寄は奥女中の実質的な最高権力者となり、幕閣の老中に相当する。大奥のすべてを取り仕切り、時にはそれこそ老中と渡り合うこともあった。御客会釈《おきゃくあしらい》は将軍が御成《おな》り（訪問）の際に応対する係であり、また御三家、御三卿、各大名から送られてくる女使の接待役でもある。御年寄へ就任するための出世コースでもあった。中年寄《ちゅうどしより》は御台所付きの御年寄の代理役で、御台所の献立《こんだて》を指示し、毒見役も務めた。

そういえば、将軍や御台所の食事というと、豪華絢爛《けんらん》な食卓を思い浮かべる方も多いかもしれないが、意外に質素だった。ふぐなど今では高級とされている魚も武家では禁止されている食材であり、御膳に上ることはなかった。歴代将軍の命日は精進《しょうじん》日で生臭物《なまぐさもの》は食べることはできない。さらに毒殺を恐れて毒見役が口にしてから食事が運ばれてくるので、熱い物を食すこともできない。食べ物の上にゴミが乗っていても、関係者の進退問題どころか事と次第によっては担当者が腹を切ることになりかねず、よほどのことがない限り、将軍も黙って食べるしかないなど、もろもろ不自由であったようだ。

御中臈《おちゅうろう》は、将軍や御台所の身の回りの世話役である。この御中臈に「お手が付く」と側室に格上げとなる。御小姓《おこしょう》は御台所の小間使《こまづか》い。七歳から十六歳くらいまでの少女の役目で、たばこや手水《ちょうず》の世話をする。当時の喫煙率は高く、たばこを吸う女性も多かった。

御錠口《おじょうぐち》は名前の通り、大奥と将軍のプライベート空間である中奥を仕切る御錠口を管理し、中奥との取次をする。

表使《おもてづかい》は御年寄の指示を受けて御台所の買い物を担当する。多くの買い物は、決められた業者から買い付ける。越後屋《えちごや》など大店《おおだな》だけではなく、今でいう中小企業なども指定業者に選ばれていた。大奥とのつながりを求めて表使経験者を妻に迎える商人もいたという。表使は御年寄に次ぐ権力者であった。

御右筆《ごゆうひつ》は日記を書いたり、書類や書状を作ったりする。そのため、江戸城内の様々な情報に精通していた。

御次《おつぎ》は道具類や献上品などを運搬し、対面所を掃除する。

御切手書《おきってがき》は、「七つ口」という大奥の通用口から出入りする人々を改める管理・監視役。七ツ（午後四時頃）に出入り口を閉めることから、この名がついた。大奥には奥女中以外の人がいなかったようなイメージがあるかもしれないが、実は商人や大工などの職人も多く出入りしていたのである。むろん、入ることができる範囲は厳格に決められていた。

呉服《ごふく》の間《ま》は将軍や御台所の衣装を扱う役目。御坊主《おぼうず》は将軍付の雑用係で、将軍の命令を受けて中奥に入ることができた唯一の奥女中。五十歳前後で剃髪《ていはつ》し、羽織袴《はおりはかま》姿であった。御広座敷《おひろざしき》は表使の下働きで、大奥を訪れた女使の御膳などの世話をする。ここまでが将軍にお目見えすることできた。

江戸の女性の花形職

御三《おさん》の間《ま》は新規に採用された者が配属される役目で、御年寄、中年寄、御客会釈、御中臈らの詰所の雑用係である。ここまでは旗本の娘が就く役職であった。

この下の御仲居《おなかい》は御膳所で調理を担当。火の番は昼夜を問わず、大奥の中を巡回して火の番をする。御茶の間は御台所のお茶を入れる係。御使番は御台所の代参をする御年寄のお供や男性の役人である御広敷役人への取次をした。御末《おすえ》はその名の通り、掃除、風呂、水汲みといった雑用全般を行う係で、御半下《おはんした》ともいった。

このようなお目見え以下の役回りは、御家人の娘が就くことになっていたが、町人や江戸近郊の豪農の娘も御家人の養女となって就くことができたという。大奥に勤めることは、当時の女性たちにとってのあこがれであった。

〈八〉 大名の家来衆

一万石をもらっていても陪臣は陪臣

「陪臣《ばいしん》」とは、主《あるじ》となる大名と直接主従関係を結んでいる武士のこと。第一章で紹介した通り、大名も上は加賀前田家の百万石から下は一万石ぎりぎりまでピンキリであった。加賀前田家のような大大名ともなると、一万石を超える家臣が八人もいた。

中には、仙台伊達藩の片倉家のように伊達家の家臣でありながら、天守代わりの三階櫓《やぐら》を擁する白《しろ》石《いし》城の主という大名クラスの家臣もいたが、陪臣は将軍とじかに主従関係を結んでいなかったため、大名にはならない。

片倉家も大身だったが、大名の家臣の中で最も石高が高かったのは尾張藩の付家老《つけがろう》であった平岩親《ひらいわちか》吉《よし》で、十二万石を超える石高を誇った。だが、跡継ぎがなく、家は無嗣《むし》断絶となった。説明が後回しになったが、付家老とは幕府が御三家や御三卿などの大名家に対して指導監督のために付けた家老たちで、一般的には御三家の付家老を務めた家を指す。もともと譜代の直臣《じきしん》であったため、大名になれたはずが、陪臣へと格下げとなってしまったのである。そのため、付家老を任じられた家のうち、成《なる》瀬《せ》家、竹腰家、安藤家、水野家、中山家は大政奉還後に立藩し、いずれも当主が藩主に就任している。この五家の中では、成瀬家が犬山城、安藤家が田辺城、水野家が新宮《しんぐう》城と城を構えている者もいた。

一方で、藩主自体が一万石程度の小藩では、家老でも二百石程度、最下級の旗本程度の石高しかないのが普通だった。ご存じの通り、大名の家臣で最も格式高い役職は家老である。といっても、家老は一藩に一人ではない。多くの場合、江戸と国元に家老がおり、密に連絡を取り合って藩政を進めていた。また、城を持っている場合は、その城を預かる城代がおり、これも高い地位にあった。家老の下に続く役職となると、藩によってそれぞれ異なるので、ここでまとめてランク付けするのは難しい。

大名の家臣・藩士も幕臣と同様、俸禄（給料）のもらい方で、格式が変わった。家老を務めるような大身たちは領地を与えられた。その次に格式が高いのは米でもらう家臣。米でもらった場合は、やはり商人に売却して現金化していた。さらに格下のクラスは現金での支給となった。

江戸時代も中期から後期となって貨幣経済が進むと、何かにつけて金が必要となり、大名があちらこちらに借金を重ねるようになると、俸禄が額面通りに支給されることがなくなっていった。幕府の経済システムの崩壊は倒幕運動につながる原因の一つとなった。

〈九〉武家女性の呼称

既婚女性はすべて奥様？

「奥さん」もしくは「奥様」。これは、他人が既婚女性に対して最もよく使う呼称である。しかし、江戸時代の奥様は限定的な使用しか許されなかった。というのも、身分によって呼び名が違っていたからだ。ちなみに女性だけでなく、男性も身分によって呼称が明確に異なっていた。

身分の高い方からいうと、将軍は「上《うえ》」もしくは「公方《くぼう》」で、敬称の様をつけて「上様」や「公方様」と呼ぶ。この呼び名は現役時代だけで、将軍の座を譲って引退した後は、「大御所様」となる。

将軍の正室は「御台所」か「御台様」だった。将軍の世子《せし》（世継ぎ）は江戸城内の西の丸に住んでいたことから「西の丸様」。その正室は「御簾中《ごれんじゅう》様」であった。将軍の子供でも世子ではない男子は、幼名に様をつける。女子の場合にはいくつになっても「姫様」であったが、大名家に嫁いだ場合には「御住居《おすまい》様」と呼んだ。

これが、御三家や将軍の家族の扱いであった御三卿の当主は「御前《ごぜん》様」か、官職名で呼ばれていた。正室は「御簾中様」か「奥御殿様」であった。世子は名前に様をつけ、女子は姫様であった。

大名はだいたいが官職名で呼ばれていた。ただし、家臣からは「公」と呼ばれていたという。大名が正室を呼ぶ時は「奥」と言っていた。大名がその座を譲って隠居すると「大殿様《おおとの》」となった。正室は「大奥様」に代わる。世子は「若殿様」と呼ばれる。世子の妻は「若奥様」であった。

ところで、大名やその家族たちは持ち物に印を必ずつけていた。そのため、家臣たちからはその印の名前で呼ばれることもあったという。

幕臣の場合、石高によって呼称が替わった。千石以上の旗本は「御前様」で、妻は「奥様」。千石以下の旗本では当主が「殿様」で、妻は同じように「奥様」だった。引退すると「大殿様」になる。

これが御家人になると、当主が「旦那様」で、妻が「御新造《ごしんぞう》様」。ちなみに、町奉行の与力は御家人であったが、妻はなぜか「奥様」と呼ばれていた。これは「奥様あって殿様なし」などと言われ、町奉行所の与力や同心たちが住んでいた八丁堀の七不思議の一つに数えられている。

〈十〉金で武士を買う

料金表もあった武士の身分

日本史の授業で、江戸時代は身分社会であり、生まれた身分から変わることができないと習ったかもしれない。最近の研究では、江戸時代は確かに身分社会ではあったが、ガチガチに固定されているものではなく、ある程度の自由は許される社会だったことがわかってきた。

たとえば、江戸時代後半になると貨幣経済が進み、物が世の中にあふれるようになったが、武士の俸禄こと給料は上がらない。上がらないどころか、藩によっては藩士の給料を規定額から減額して支給する。まさに藩が藩士に借金するさまだが、もちろん、減額された俸禄を払ってもらえることはまずなかった。

このため、〈二〉の項で説明した通り、武士は札差に借金をするが、それも返せる見込みがない。困った武士は借金を肩代わりしてくれる商人や豪農の息子を養子に迎えて家計を援助してもらう。そのような〝裏ワザ〟が、しばしば行われた。

幕臣の御家人の株はおおよそ三百両、現在の金額で三千万円以上だろうか。こうしたことを「御家人株を買う」といった。三百両は当時、一般的に言われていた金額で、『南総里見八犬伝』の執筆で有名な曲亭馬琴《きょくていばきん》は、蔵書を売るなどして金を工面《くめん》し、鉄砲同心の株を百三十五両で買っている。

当然、御家人株だけでなくその上の旗本株も売りに出されていて、幕末に活躍した榎本武揚《えのもとたけあき》や勝海舟は、先祖が旗本株を買い求めたおかげで幕臣となった面々である。

こうした武士の身分の売買は、幕臣だけでなく各藩でも行われていた。同じく幕末に活躍した坂本龍馬も祖父が土佐藩士の身分を買っている。

さて、ここまでは、個人間での武士の身分の売買を説明した。実は、藩財政が赤字になった結果、武士の身分を売り出した藩があった。苗字帯刀ならばいくら、足軽ならいくらと料金表まで作られた。しかし、思ったように売れずにディスカウントされたという記録も残っている。こうした金で武士の身分を手に入れた人たちは「金上侍《かねあげざむらい》」と言われてさげすまされたという。

コラム

象は果たして官位をもらったのか

天皇に拝謁《はいえつ》するには、ある一定以上の官位が必要になる。たとえば、三代将軍の家光《いえみつ》の乳母であった春日局《かすがのつぼね》は、後水尾《ごみずのお》天皇と中宮の和子《まさこ》（家光の妹）に会うために官位を取得しなければならず、いろいろと手を尽くした結果、従三位《じゅさんみ》という地位を手に入れ、無事にお目通りがかなった。

ところで、八代将軍の吉宗《よしむね》は、それまで禁止されていた西洋の書物の一部を解禁。その中に、地上最大の動物についての記述があり、実際に自分の目で一度見てみたいと思うようになった。当時の日本を取り巻く状況としては、無謀とも思える吉宗のわがままを幕府との数少ない交易国だった明《みん》がかなえた。

享保十三年（一七二八）、長崎に明の商人がベトナムから取り寄せた雌雄一頭ずつの象が上陸。現在でも象は動物園の人気者だが、江戸時代はもちろんのこと、日本にいなかった。よって、ベトナムから運んだのだが、やはり長旅のストレスからか、一頭は上陸後、ほどなくして死んでしまう。残った一頭は、陸路江戸を目指すこととなった。長崎から江戸のちょうど中間付近に京都がある。旅の途中で、象は時の帝《みかど》（中御門《なかみかど》天皇）に謁見することになった。

しかし、春日局ではないが、天皇にお目通りするためには官位が必要となる。そこで、従四位

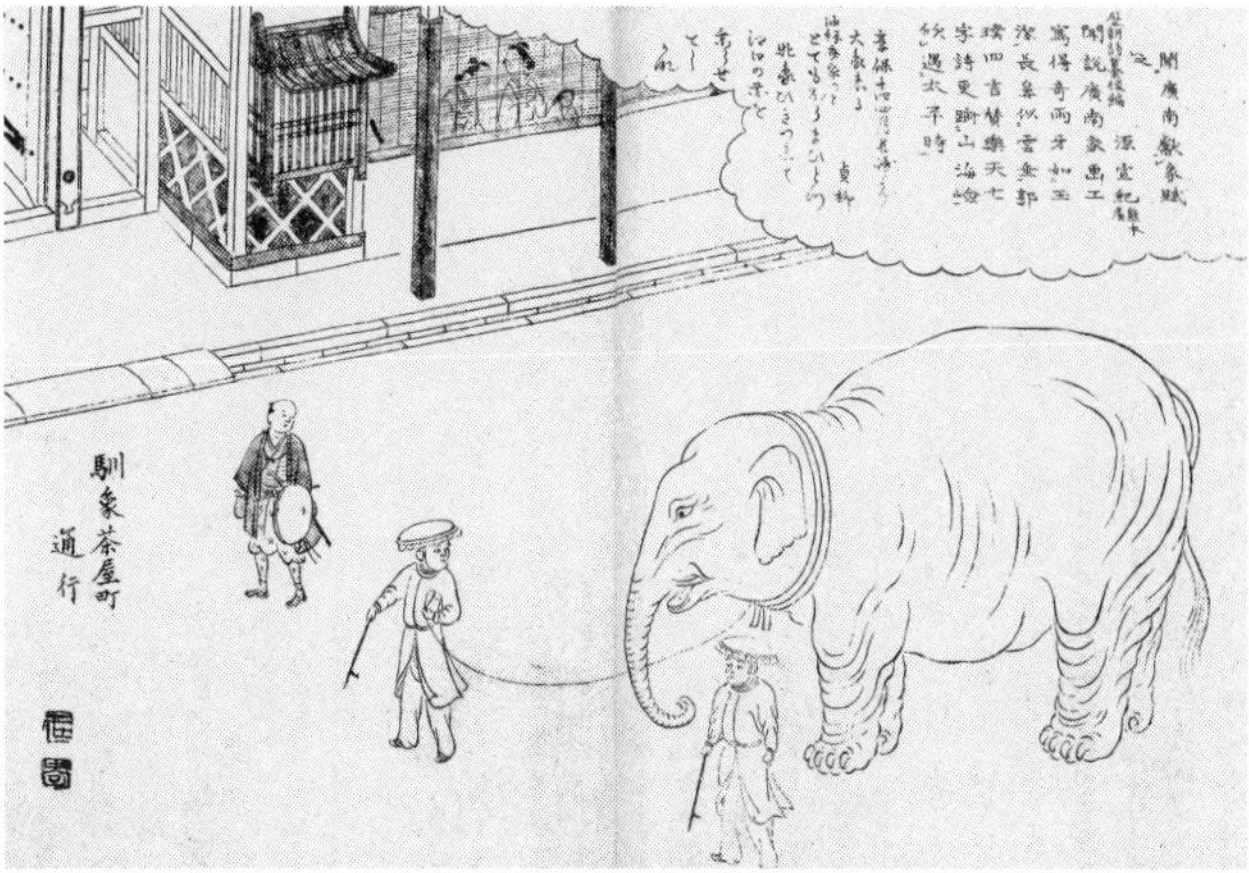

尾張国名古屋の茶屋町を通過する象の一行（『尾張名所図会』国立国会図書館蔵）

の官位と広南白象《こうなんはくぞう》という名が与えられ、享保十四年四月二十八日、多くの公家たちが見守る中、象は御所に上がり、天皇に拝謁したのである。天皇は異国の珍しい動物を目にして感動したようで、そのことを歌に残している。

動物に官位が与えられた珍しい例だが、実は、本当に官位が与えられたのかは不明だ。公式の記録には、象に官位を与えたという記述がないからだ。しかし、象の姿を描いた瓦版や浮世絵には、象の姿とともに官位が書き込まれている。これは瓦版や浮世絵を売るための「あおり」であった可能性も否定できない。

江戸への道中、象の通り道には、珍しい動物を一目見ようと大勢の人々が詰めかけた。これを見た商人たちは、「こいつは商売になる」と瓦版や浮世絵だけでなく、双六、置物など象をあしらった様々なグッズを販売した。天皇も見た異国の珍獣、従四位という国持大名と同等の高い地位の動物という箔《はく》がつけば、大いに売れると商売上手が手を打ったとしても不思議はないだろう。

さらにいえば、その後、象は民間に払い下げられて見世物になった。この時も、やはり官位という箔がものをいったに違いない。

第三章　江戸の格付事情【職業篇】

〈一〉公家

世襲で決まる地位

「公家《くげ》」は大きく分けると、天皇の日常の御座所（居所）である清涼殿殿上《てんじょう》の間に昇殿、つまり清涼殿に入室が可能な人々を堂上《どうじょう》公家（殿上人《てんじょうびと》）といい、入室できない地下官人《じげかんじん》とに分けられる。普通、公家というと昇殿できる堂上公家のことを指す。

堂上公家たちも家格によって分けられた。特に昇進にはこの家格がものをいう。最高位は摂関家で、その名の通り、摂政《せっしょう》や関白《かんぱく》といった天皇の補佐役などの最高位に就くことができた。近衛《このえ》・九条・一条・二条・鷹司《たかつかさ》の五家あり、十代で権大納言《ごんだいなごん》、二十歳過ぎには内大臣、三十歳前に右大臣、三十代後半で左大臣に任官することできた。左大臣は一上《いちのかみ》といわれ、太政《だじょう》大臣の次位、右大臣の上位となる朝廷の役職のほぼ最高クラスになる。

摂関家に続くのが清華《せいが》家で、久我《こが》・三条・西園寺《さいおんじ》・徳大寺・花山院《かざんいん》・大炊御門《おおいみかど》・今出川《いまでがわ》・広幡《ひろはた》・醍《だい》醐《ご》の九家あった。このうち、広幡、醍醐は江戸時代になってから家を興《おこ》したので、新家《しんけ》と呼ばれる。かたや、江戸期以前の文禄《ぶんろく》・慶長期以前からある家は旧家という。清華家では、花山院のほか三条・西園寺・徳大寺・大炊御門・醍醐から左大臣を輩出したものの、久我・今出川・広幡からは一人たりとも左大臣にならなかった。

なお、清華家の当主は江戸時代に延べ百人いたが、このうち、左大臣になったのは十人のみ。右大臣は二十人、さらに下の内大臣を務めたのは二十二人で、半数以上の五十二人が大臣になっている。

清華家の下は大臣家で、中院《なかのいん》・三条西・正親町《おおぎまち》三条の三家あった。江戸時代の当主は二十六人いたが、右大臣に任官したのが二人、内大臣は二人だけであった。

清華家の下に羽林《うりん》家があり、冷泉《れいぜい》・飛鳥井《あすかい》・山科《やましな》など二十七家（二十五家とも）あり、さらにその下には名家《めいか》が置かれ、こちらも日野・広橋・柳原・万里小路《までのこうじ》など多数の家があった。

江戸時代、大臣職はそのほとんどが摂関家で占められ、時たま清華家が務めることがあり、ごくまれに大臣家の者が任官されることもあった。

さて、こうした公家たちの生活だが、武士たちと同じく幕府から領地が与えられていた。最も多いのが摂関家の九条家で高位の旗本クラスの二千四十二石、ほかの摂関家も二千から千石ほどであった。摂関家以外では今出川が千三百五十五石と最も多いものの、ほかに一千石を超える家はなく、この面でも摂関家は他の公家たちよりも優位に立っていたのである。

本道と呼ばれた内科医がトップ

現代、名医と呼ばれる医師は心臓や脳などの難しい手術を行い、成功させる外科医を指すことが多いようだ。

しかし、江戸時代は違った。江戸時代の医師は漢方を使用した内科が主流で、「本道《ほんどう》」と呼ばれた。将軍を診《み》る医者を幕府奥医師《おくいし》というが、こちらも本道の医師である。

この奥医師制度が、いつ始まったのかは実はよくわからない。しかし、徳川家康は今の言葉でいう「健康オタク」で、自分で薬を調合するほど健康に気を配っていた。そのうえ、曲直瀬《まなせ》、半井《なからい》といった名医を京坂から呼び寄せるのでは飽《あ》き足らず、全国から名医を江戸に集めて最先端の医療を受けられるようにしていたという。これが三代家光《いえみつ》の時に、他の職制とともに固まったといわれている。

奥医師は本道と呼ばれた内科以外に、外科の奥外医、歯科の奥口中医、眼科の奥眼医、小児科の奥小児医、奥鍼医《はりい》などに分かれていた。ほかにも奥女中を診る御広敷療治《おひろしき》がいた。御広敷療治は、普段はほかの大奥の男性役人とともに、御広敷と呼ばれていた大奥の管理事務所に詰めており、必要に応じて奥女中たちを診察した。

さらに、番医師もいる。通常は江戸城表御殿に詰め、非常時には宿直した。世襲医師の家に生まれながらも見習い身分の医師や、役を退いた者が就くことになっていた。

奥医師の中で最も格式が高かったのは、普段は治療を行わないが奥医師全体を統括する典楽頭《てんやくのかみ》で、半井家と今大路家《いまおおじ》(曲直瀬家の医系本家)が世襲で就いた。その下は、最も医術が優《すぐ》れている者が務める奥医師となり、番医師、普段は登城しない寄合医師《よりあい》や小普請《こぶしん》医師と続く。

なお、各藩のお抱え医師である藩医や庶民を診る町医者でも腕の確かな場合は、一代限りではあったが、お目見え医師として抜擢《ばってき》されることもあった。

ここまで紹介した奥医師たちは東洋医学や漢方を中心に治療を行っていて、江戸末期になり、初めて西洋医学を学んだ蘭方医が奥医師に任命されている。

〈三〉 学者

代々トップであった林大学頭

徳川五代将軍の綱吉《つなよし》といえば、動物愛護法の「生類憐《しょうるいあわれ》みの令」を出して庶民を苦しめた「犬公方《いぬくぼう》」と呼ばれ、評判がよろしくない。そのせいか、無類の学問好きであったことはあまり知られていない。

家康から家綱《いえつな》と四代にわたって将軍のブレーンだった儒学者《じゅがくしゃ》の林羅山《はやしらざん》が、三代将軍の家光から下賜《かし》された上野《うえの》 忍岡《しのぶがおか》（現在の東京都台東区上野公園付近）の地に私塾を開いた。当時の上野忍岡は鄙《ひな》びた江戸郊外であった。元禄《げんろく》四年（一六九一）、綱吉は林家の私塾と林家の屋敷内にあった孔子廟《こうしびょう》を江戸城に近い湯島《ゆしま》（文京区）に引っ越しさせ、聖堂学問所として整備。ここでは朱子学《しゅしがく》を講じたので、朱子学が幕府の公式の学問になった。そして、林羅山の孫で林家の当主であった林信篤《のぶあつ》（鳳岡《ほうこう》）を大学頭《だいがくのかみ》（長官）に任じ、以後、林家が世襲で務めることとなった。また、それまで幕府の儒学者は剃髪《ていはつ》した僧《そう》形《ぎょう》であったが、そのスタイルを取りやめたことにより、以降、儒学者の社会的地位向上に結びついた。

幕政の人材確保のため、寛政《かんせい》の改革で幕臣だけでなく、藩士や郷士、牢人の入門を許可した。寛政二年（一七九〇）、聖堂学問所では朱子学以外の学問を学ぶことを禁じると、寛政九年に聖堂学問所は林家の私塾から幕府直轄校「昌平坂学問所《しょうへいざかがくもんじょ》」となった。文化十四年（一八一七）には、それまで学問所の教師は林家一門で占められていたが、それ以外の儒学者たちの講義も行われるようになった。

この昌平坂学問所の設置が契機になり、寛政期には各藩で藩校を設けるようになり、宝暦《ほうれき》から慶応といった江戸時代後期にかけて大幅に増加した。藩校で優秀な成績を修めた者は昌平坂学問所への留学が許されたり、京都や大坂、長崎へ遊学したりすることもあった。

昌平坂学問所は江戸時代の学問所のトップであり、大学頭はその名の通り、学者の「頭」。学問所の教授は、当時の優れた学者群で占められていた。昌平坂学問所への留学がかなわない者たちには、学問所の教授が自宅などで開いた私塾で指導することもあった。

時には、幕末の志士に大きな影響を及ぼした頼山陽《らいさんよう》の父親である安芸《あき》広島藩の頼春水《しゅんすい》など藩の学者が学問所で教えたという。

明治新政府は昌平坂学問所を接収すると、旧幕府の他の教育機関と統合し、明治二年（一八六九）に大学校を設立した。大学校はのちの東京大学の母体となった。

〈四〉絵師

狩野派とそれ以外

現在の画家の格付《かくづけ》は、画商で取引される絵の値段で決まるのだろうか。それとも、名だたる美術展での受賞歴、あるいは長年の活動が評価されて紫綬褒章《しじゅほうしょう》や文化勲章をもらったことが物差しとなるのか。

江戸時代は幕府のお抱えになることが一番のステータスだった。画家の中でも幕府の御用を務める画家がおり、「御用絵師（御絵師）」と呼ばれていた。

御用絵師といえば、狩野《かのう》派の絵師がその代表格といえるだろう。室町《むろまち》時代末に狩野正信《まさのぶ》が室町幕府の御用を務めるようになり、戦国乱世に入ると、織田信長や豊臣秀吉など天下人も狩野派の絵師を重用した。上杉家に伝わる「洛中洛外図屏風」をはじめ、この時代の名品も現存する。

江戸幕府が開かれ、政治の中心が京都から江戸に移ると、狩野派の画家たちも東へ移ってきた。狩野守信《もりのぶ》（探幽《たんゆう》）が、江戸幕府初の御用絵師に就任して以来、幕末まで狩野家がその地位をほぼ独占。その一方、京都に残った狩野派は御所や寺社を飾る絵画などの御用を務めた。

一口に御用絵師といってもお目見え以上の奥絵師と、お目見え以下の表絵師とに分かれる。武士ではなかったが、当主は帯刀が許され、毎月一と六がつく日、つまり月六回、江戸城大奥御絵部屋に出仕して絵を描く。大奥で働く者へ正月に下賜する絵や、御進講のために出仕する学者に下賜する絵を書いたが、時には将軍が部屋を訪れて注文することもあったという。

狩野家の中にも格差があり、当然、奥絵師が表絵師よりも格上である。奥絵師である守信に連なる鍛冶橋《かじばし》、守信の弟の子孫である木挽町《こびきちょう》・中橋《なかばし》・浜町《はまちょう》の四家の格式が高かった。表絵師も狩野派四家の系統である十四家（途中で絶えてしまった家があり、最終的には十二家）が採用された。

もちろん、狩野家だけが御用絵師ではない。たとえば、大和絵《やまとえ》（中国絵画「唐絵」に対する日本風の絵画）で有名な土佐《とさ》派から分かれた住吉《すみよし》家やその門人であった板谷《いたや》家、京都の粟田口《あわたぐち》家も御用絵師として採用されたが、役職などでは狩野派四家とは歴然とした格差があった。

なお、狩野家は画塾を開いて町人に教えたり、門弟を育てたりしていた。大名家の御用を務める門人も出たという。

〈五〉役者

役者の階級

現在の「歌舞伎役者」は大まかに言って、名題《なだい》と名題下《なだいした》に分かれる。名題下から名題になるには日本俳優協会の名題資格審査を受けて合格し、関係者からの賛同を得て名題昇進披露を行うという決まりがあるそうだ。

江戸時代には、個室の楽屋を持つことができる名題、名題に昇進できる相中《あいちゅう》、板の間とも呼ばれた中通《ちゅうどお》り、最下層の下立役《したたちやく》（稲荷町）に分かれていた。

ちなみにペーペーの下立役の異名《いみょう》は、劇場内に設けられていた稲荷社に近いところに楽屋があったからといわれている。また、身分の高い役者は一年ごとに交《か》わされる契約によって劇場を代わることがあるが、身分の低い役者は劇場専属で居続けたため、「いつづけ」が「いなり」に変化したとも伝わる。下立役は出演する役者を書いた番付に名前が掲載されることもなく、与えられる役も出てすぐに引っ込む「仕出し」や、馬以外の動物役と決まっていた。

今のように明確な基準がなかったためか、名題への昇進は難しかったとされている。しかし、最下級からスタートして名題になった役者がいなかったわけではない。

江戸時代中期に活躍した初代中村仲蔵《なかむらなかぞう》は、芸能とは関係がない家に生まれながらも役者となる。役者をやめていた時期があり、復帰時に一から修業をやり直した。その時、役者仲間から酷《ひど》いいじめを受けたという。それでも役者を続けているうちに、四代目市川団十郎の目にとまったことが転機となった。『仮名手本忠臣蔵』に出てくる斧定九郎《おのさだくろう》は、中村仲蔵が工夫した型で現在も上演されている。人気が出て、座頭《ざがしら》（歌舞伎一座のトップ）を任されるような役者に上り詰めた。

余談だが、幕末から明治にかけて活躍した三代目中村仲蔵も初代と同じように役者の家系ではなく、一から修業を始めたが、やはり名題まで上っている（口が大きいといわれ、二枚目を演じることはなかったが、芝居に欠かせない名脇役として活躍した）。

余談ついでに、もう一話。イケメンという意味の二枚目。これも歌舞伎の格付から出た言葉である。江戸時代、芝居小屋前に役者の名前を書いた看板（名題看板）が出されていた。この看板には決まりがあり、一枚目の看板が座長を務める座頭、二枚目が若くていい男を演じる役者、三枚目が滑稽《こっけい》な役を演じる役者の名前を掲示した。ここからイケメンを表す意味で使用される「二枚目」や、コミカル役の「三枚目」という言葉が生まれた。

人気役者のランキング

役者にはもう一つ、序列があった。「役者評判記」というジャンルの本である。江戸時代初期から明治まで毎年出版されていた役者の評判記だ。現存最古の万治《まんじ》二年（一六五九）刊行の『野郎虫』は、役者の容姿《ようし》の特徴を取り上げ、特技をほめるというものであったという。それが次第に芸の批評になっていった。

「役者評判記」は京、江戸、大坂のそれぞれ一冊、計三冊からなる。役柄によって役者を分類。現在の役者はどんな役でもこなすのが上手とされているが、江戸時代の役者は、女性を演じる女形《おやま》、悪役が得意など、演じる役柄が決まっていたのである。役柄で分類した役者を上上上吉、上上吉などと評価するが、同じ上上吉でも一画欠けた字にしたり、文字の一部を白くしたりして、上下をつけた。

毎年出版されていたのは、こうした評判記に名前が載る役者は一年契約で出演する小屋がチェンジするからであろうか。評判記事は「ひいき」「わる口」が登場して会話形式で役者の批評をする内容になっていた。

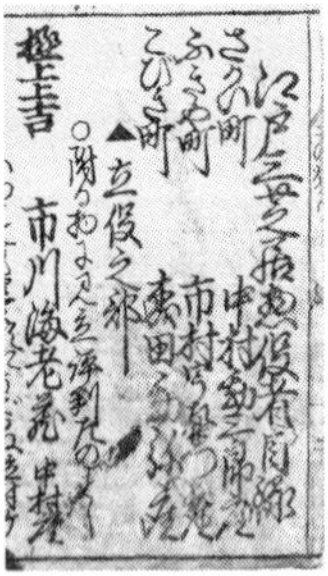

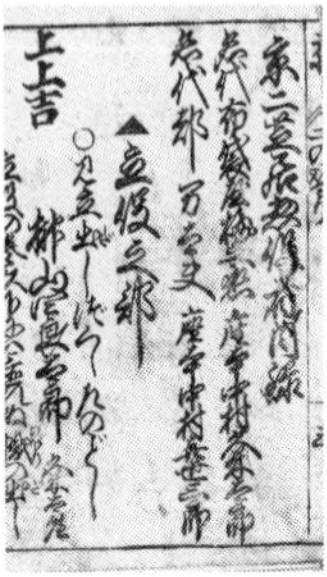

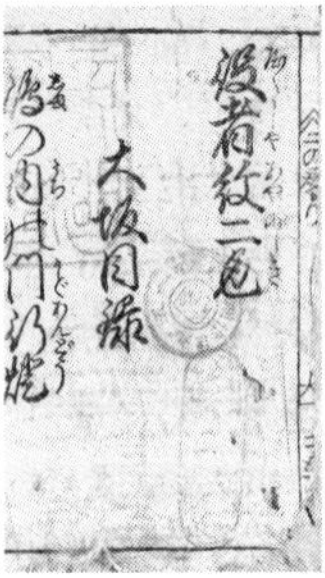

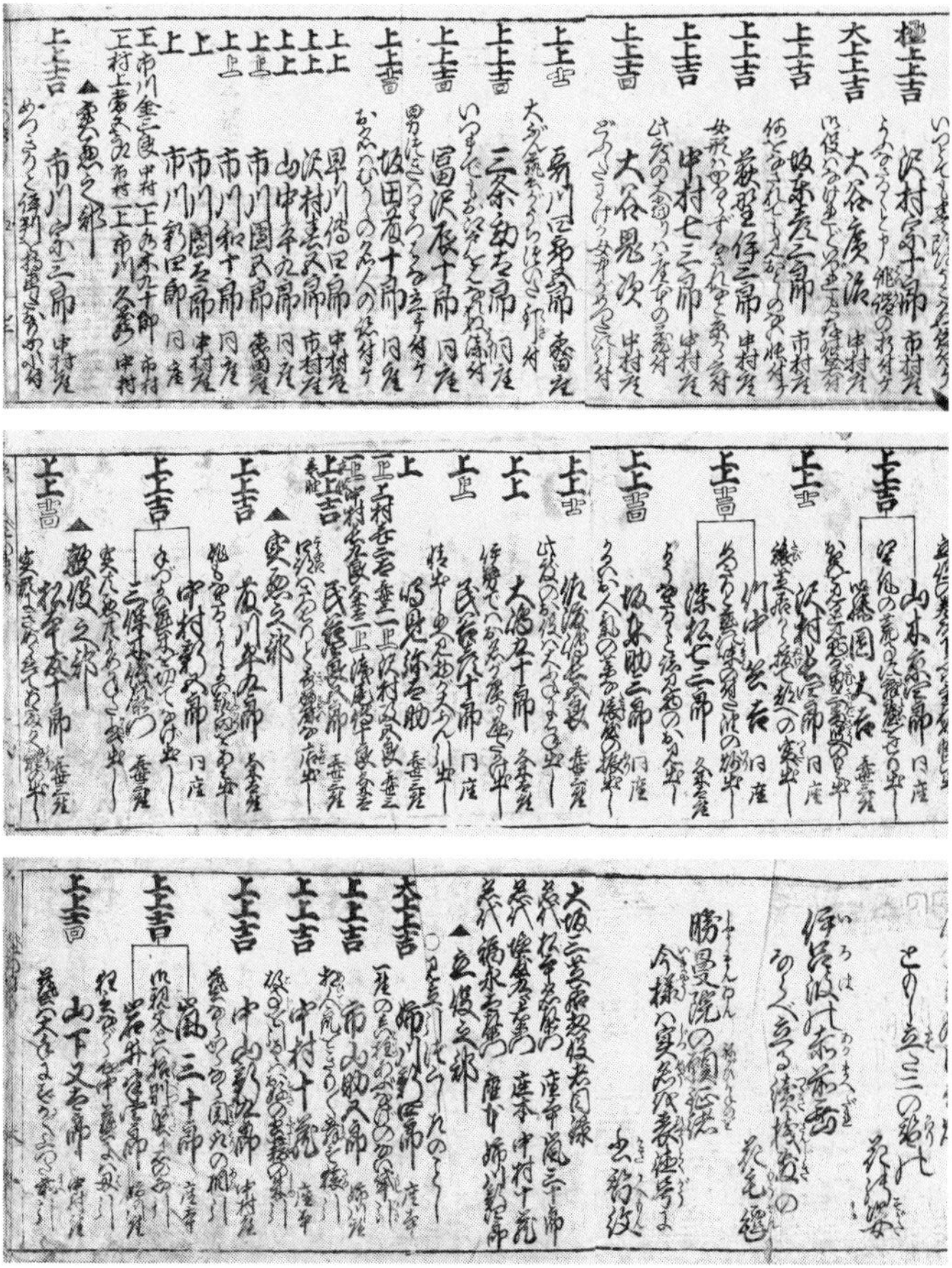

江戸・京都・大坂各々3冊からなる「役者評判記」（『役者紋二色』国立国会図書館蔵）

大関が最高位

「相撲《すもう》力士」のランキングは、力士の順位（序列）を記した「番付《ばんづけ》」と呼ばれる一枚の表でわかるようになっている。国技館のある両国（東京都墨田区）の町中や相撲部屋近くの飲食店で張り出されているから、実物を目にした人も多いだろう。

現在の最高位は横綱で、大関、関脇、小結《こむすび》、前頭《まえがしら》、十両、幕下《まくした》、三段目、序二段、序ノ口と続き、その下は四股名《しこな》（力士名）が掲載されない前相撲《まえずもう》というクラスになる。大関、関脇、小結をまとめて三役と呼び、このすぐ下の前頭以上を幕内《まくうち》と呼び、番付の最上段に名前を連ねた。力士なら誰もが関取《せきとり》と思いがちだが、その実、十両以上のみが関取となる。力士の階級は江戸時代に成立したとされ、当時から現在に至って、ほぼ変わらない。ただし、今と昔で大きく異なる点が一つある。それは最高位が横綱ではなく大関であったことだ。

ところで、江戸時代の相撲を取り上げると、名前が必ず挙がる力士がいる。雷電為右衛門《らいでんためえもん》である。相撲人生二十一年間で負けたのはたったの十回。勝率はなんと九十六・二パーセント。おそらく誰も

最強の大関だった雷電（『大相撲引分之図』〈部分〉国立国会図書館蔵）

塗り替えることができない、とんでもない記録を残している。しかし、雷電は横綱ではなく、大関で終わっている。横綱になれなかった理由は、「取組相手を投げて殺した」とか、「横綱に必要な品格に欠けていた」などと伝わるが、真相は藪《やぶ》の中である。ただし、江戸の当時、横綱は力士の階級にはなく、雷電が横綱になれなかった話は創作であろう。

今でこそ力士の頂点であるが、横綱はもともと階級を指す用語ではなかった。地鎮祭で行われる奉納相撲。この相撲に出場する際、麻で作られた純白の綱を締めて土俵入りを行ったが、その許可を与えられた者、もしくは力士が着けた締め綱が横綱であったという。横綱が大関よりも上の階級となったのは明治時代である。

江戸時代の力士は各藩に抱えられていた。すなわち、藩主の家臣であり、帯刀も許されていた。武士は俸禄をもらう代わりに、有事には藩のために戦わなければならなかった。力士は有事に戦場で戦うのではなく、平時に藩の威信をかけて土俵上で闘っていたのである。

〈七〉商家

江戸にいなかった主

日本橋界隈《かいわい》には、越後屋《えちごや》、白木屋《しろきや》、大丸《だいまる》、松坂屋《まつざかや》などの有名な呉服店があったが、各店の頂点に立つ主《あるじ》は江戸にいなかった。彼らは近江《おうみ》や伊勢といった上方《かみがた》の本店にいた。つまり、江戸の店は支店である。一方、江戸店《だな》で働く奉公人は現地採用ではなく、本店のある土地で採用された者ばかりだった。奉公人たちの一生をかけた出世競争も過酷だった。たいていの場合十一〜十二歳くらいで採用され、少年たちは十名以上まとまって春と秋の二回、上方から江戸に下って来る。江戸時代の都は京都なので、上方から見ると江戸へは下りになる。

白木屋の場合

さて、ここからは令和の現在、商業ビル「コレド日本橋」が立つ地にあった白木屋を例に取って解説していこう。江戸三大呉服店の一つ、白木屋。本店は京都にあったので、主は江戸にはいない。奉公人は前述した通り、現地採用をしない。ただし、店のある京都ではなく、主が近江長浜《ながはま》（滋賀県長浜市）の出身であったため、この近辺で人集めをした。採用するのは跡取りでない男子。彼らは奉公に出るか、養子に行くかしないと跡取りの扶養家族として一生肩身の狭い思いをして過ごさなければならなかった。

採用時点で、商品の仕入れや販売にかかわる者と、家事などに従事する台所衆とに分けられる。一度決まってしまうと、台所衆は店の方にかかわることはなく、その逆もなかった。台所衆は台所頭という台所衆のトップが唯一の役職で、それ以外の役職はなかった。

採用が決まった者は、江戸へ向かい、江戸に着いた後は店の二階で集団生活を送る。店に入ったばかりの頃は子どもと呼ばれ、仕事らしい仕事はなく、昼は掃除や雑用をこなし、夜は読み書き算盤《そろばん》に励まなければならない。帳簿をつけるのに算盤はどうしても必要だからだ。この子どもが商家で最も地位が低かった。入って二年目くらいで、前髪を落とし、子どもの名前から大人の名前に改める。元服である。

ここまで来る間に病気で上方に返されることがあった。中には素行不良や商人には向かない者も含まれていたという。

元服がすむと若衆《わかいしゅ》と呼ばれるようになり、給与が支給される。それまでは衣食住が保証されているものの、無給だった。ただし、給与が出るといっても、現代のように給料日があって、その日に支給されることはなかった。店から支給される以外の服や小物、食べ物を購入するには店を通す決まりとなっており、給与はそれにあてられた。つまり、購入品の価格分が給与から天引きされるようなもので、残った分は積み立てられたという。そもそも奉公人が年間に使える金額の上限が給与であった。

退職勧告と出世

入店九年目になると、「初登り」といって京都の本店へ行き、その後、故郷に帰ることができた。十六年目には「中登り」が、二十二年目に「三度登り」があった。その後、支配役まで務めた人が江戸店を退職して故郷に帰る「隠居仕舞《じまい》登り」も行われる。

初登りを終えて江戸へ戻ってくると、若衆から手代《てだい》へと出世する。ただし、商売に向かないと判断された場合などは、江戸に戻ることができなかった。

手代は、毎年一月末日と八月二日に行われる人事異動によって様々な職場を体験する。売場役、外出勤役、屋敷番役、買役（仕入れ役）、田舎役（江戸以外の顧客を担当）などがあった。ここまでは、年功序列で出世できる。そのため、奉公人の多くは手代のランクで終わる。また、初登りの後に行われる中登りと三度登りの時にも初登りの時と同じく、店をやめて故郷に残らざるを得ない者もいた。

さて、手代から上の役職は年代によって異なる。白木屋の隆盛期を取り上げると、小頭役が十人、年寄役が五人、支配役が三人もしくは四人だった。十八世紀後半には江戸店だけで奉公人が百九十人近くいたというから、役職付きになるのは狭き門であった。中には、江戸店から京都本店に登り、本店の勤番役や詰番役になるエリートもいたという。

よその店では、ある程度出世すると店の外に家を借りて、そこから通うことが許されていたが、白木屋では、奉公人はすべて住み込み。店に勤めている限り結婚もできなかった。

病気や素行不良などで店をやめざるを得ない者、使い込みなどでやめさせられる者や店から出奔《しゅっぽん》してしまう者、不幸にも病などで亡くなる者もいた。その一方で、出世の見込みがないからと見切りをつけたか、別の道を見いだしたのか、それとも結婚するためか、二十代から三十代ぐらいでやめる者も多かった。

奉公人のトップは別家を任された者である。店を出て自分の店を持ち、結婚することもできた。ただし、好きなように商《あきな》いをすることはできない。店で扱う商品などに本店の意向が反映され、さらには、冠婚葬祭や災害の時には手伝いに行くことが義務付けられるなど、本店との絆《きずな》は切れることはなかった。

〈八〉儲かる商売

米屋がトップに君臨する

今ならば、ＩＴ関連の企業が儲《もう》かる商売のトップになるだろうか。三十年ほど前のバブルの頃なら金融関係が、戦後まもなくは繊維《せんい》問屋や製紙会社の羽振《はぶ》りがよかったという。

では、江戸時代はどうだったのだろうか。財務状況を株主に報告する義務はもちろんなく、詳細は不明だが、「諸商売人出世競相撲」という見立番付が作られている。この番付に当時、儲かると考えられていた商売が掲載されていた。想像の域ではあるが、まったくの的外《まとはず》れでは人々の興味をひくこともなく、そっぽを向かれてしまうので、当たらずとも遠からずといった商売がランクインしていた。

東西の大関は、米屋と両替商。

米屋は江戸時代の経済システムを考えれば、一目瞭然。米を基本とした経済であり、武士の給与は米が獲れる土地（知行地）や、それこそ米（俸禄米）で支給される。米の値段が上がり、生活苦に喘《あえ》ぐ庶民が蜂起する「打ちこわし」では、真っ先に米屋が狙われた。それだけ儲かっていたと思われていたのだろう。

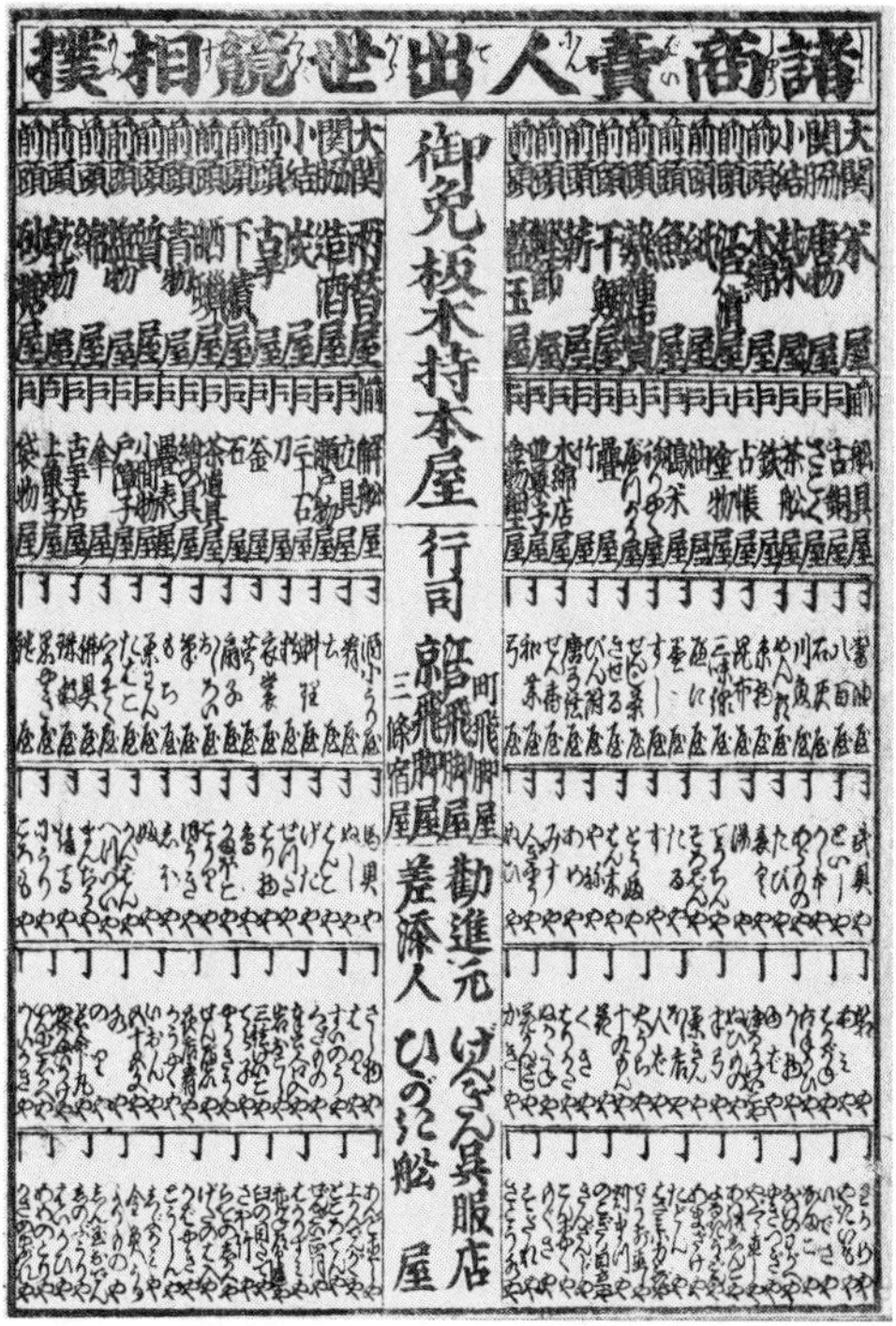

「諸商売人出世競相撲」（東京都立中央図書館蔵）

一方の大関、両替商。こちらは江戸の通貨事情にある。当時は金、銀、銭という三つの通貨が併用されていた。

たとえば、二八そばを食べ、お代十六文を一両の小判で支払っても、おつりが出ない。そこで、あらかじめ両替商で一両を銭などに両替しておく。両替には手数料がかかり、日常的に両替が行われていたから、庶民からすれば、「あこぎな商売をしやがって」といったところだろう。

次位の関脇に造酒屋《つくりざかや》と唐物屋《からものや》が入っているのは、江戸の人たちが酒好きだったことを物語っている。唐物は、外国からの輸入品。「舶来品《はくらいひん》」といって、海外の高級ブランド品をありがたがるのは今に始まったことではないようである。

〈九〉遊女

公娼と私娼

京都の島原《しまばら》、大坂の新町《しんまち》、江戸の吉原《よしわら》という幕府公認の遊郭をまとめて三大遊郭という。中でも幕府のお膝元《ひざもと》にあった吉原は最大であった。江戸初期の寛永《かんえい》頃、「遊女」の数はおよそ一千人。幕末の慶応頃には三倍の三千人が在籍したといわれる。

その吉原だが、女性と床入《とこい》りするまでには時間も金もかかり、そのうえ、ほかの遊女との浮気は許されない。浮気がばれようものならば、人前に出られなくなるようにと髷《まげ》を切られてしまう。現代の「頭を丸める」より、もっとダメージは大きかった。

こうした吉原のしきたりを嫌う人は、幕府非公認の遊び場に行った。品川や新宿の宿場で遊女（建前は飯盛女《めしもりおんな》）を買うか、寺社の近くにあった岡場所に足を運んだ。まだ店に出ている遊女はましなクラスで、隅田川に浮かべた川舟の中で春をひさいだ船饅頭《ふなまんじゅう》や、筵《むしろ》を片手に道端《みちばた》で客を引いた夜鷹《よたか》と呼ばれる最下級の遊女もいた。ただ、最下級といっても何より安価であるから、男たちが列をなす人気の船饅頭や夜鷹もいたという。こうした遊女たちは私娼《ししょう》として、吉原などお墨付《すみつ》きの遊女たちと区別されていた。私娼は表向き禁止されていたので、幕府の手入れにあい、罰として吉原に連れて来られて無給で働かされることもあった。

幕府公認の遊郭にも、遊女のランキングがもちろんあった。時代によって異なるが、吉原が誕生した頃は、上から順に太夫《たゆう》、格子女郎《こうしじょろう》、局女郎《つぼねじょろう》、端女郎《はしじょろう》、切見世女郎《きりみせじょろう》の五段階に分かれていた。

太夫のような高級遊女は張店《はりみせ》（張見世）という店先に並ぶことはなく、客は太夫を揚屋《あげや》（現在の高級料亭のような店）に呼んで会うことになっていた。太夫のすぐ下のクラスである格子女郎は、張店の中に自分の部屋を持っていたことから呼ばれるようになった。さらに下の局女郎は狭い部屋で時間制で客を取る。最下級に位置付けられていたのが、端女郎や切見世女郎。とくに最下級の女郎屋（切見世）は、鬼のような面をした遊女が出てくるといわれ、平安の都の羅生門《らしょうもん》に鬼が棲《す》んでいたという故事にちなみ、羅生門河岸とも呼ばれていた。

太夫と遊ぶには

ちなみに、初期の吉原の上客は、大名をはじめとする武士だった。高級遊女は彼らの相手をするのに読み書きはもとより、茶道、華道、香道、唄、踊り、和歌など一通りの芸事を身につけて、大名ら大身の武士と話を合わせたという。さらに、当時は専門家でないと調整できないとされていた機械時計の操作を売りにする凄腕《すごうで》遊女までいたという。

尾上多賀之丞が演じた高尾太夫
（「地名十二ヶ月之内　四月」東京都立中央図書館蔵）

実際に太夫と遊ぶとなると、チップを含めて一回、二十両はかかることになる。一両を十二万円と換算してもかなりの額。言うまでもなく、金持ちしか太夫とは遊ぶことができなかった。しかも、初会《しょかい》は太夫が出てくるまで芸者を呼んで派手な宴会を催《もよお》さねばならず、やっと出てきた太夫とは口をきくこともできない。初会がすんだらすぐに「裏を返す」といって再び太夫に会いに行くが、あくまでも会うだけ。三回目にしてやっと同衾《どうきん》が許された。吉原は疑似恋愛を楽しむ場所だから、初対面でベッドインは粋《いき》ではないということなのだろう。しかも常連客＝なじみになると、前述した通り浮気はできず、遊女全員が白装束を身に着ける八朔《はっさく》などの行事ごとに、衣装をあつらえてやらなくてならず、付き合いが大変だった。最高ランクの太夫は、異名で「傾城《けいせい》」とも呼ばれた。文字通り、入れ込むと城＝国を傾けてしまうことになるという意味である。

実際に姫路藩主の榊原政岑《さかきばらまさみね》は、吉原で評判であった太夫の高尾《たかお》を落籍《らくせき》（身請《みう》け）したことが評判となった。当時は八代将軍吉宗《よしむね》の世であった。将軍が倹約を呼びかける中で、吉原で派手に遊んだあげく、名妓《めいぎ》高尾を落籍した行為は将軍の怒りを買った。政岑は強制的に隠居させられたうえ、同じ石高ながら実高の低い越後《えちご》高田へと移封を命じられた。まさに太夫に入れ込んで、国を傾けてしまったバカ殿がいたのだ。

江戸も中期の宝暦《ほうれき》年間（一七五一〜六四）になると、客の主流が上級武士からもっと手軽に遊びたい層に変化したため、あまりに格式の高い太夫は嫌われ、ついにはいなくなったという。その代わり、出てきたのが花魁《おいらん》である。花魁は自室を与えられた高級遊女のことで、のちには遊女の代名詞になった。

〈十〉職人

職人の長・大工

江戸時代は、何を作るのも基本すべて手作業である。家康は関東に移封されたおり、江戸に住むことになる家臣が困らないように、商人や職人はもとより、漁師まで連れてきたという。そういった経緯もあってか、江戸には職人が多かった。

当初、幕府は職人たちが集まって住むように城下の町割《まちわり》を行った。同じ職業の人々が固まって住むほうがいろいろと都合がよく、効率的な作業が期待できるからだ。現在も東京千代田区に残る紺屋町《こんやちょう》や乗物町《のりものちょう》はそれぞれ、染物、乗物（駕籠《かご》）を作る職人が住んでいた。両町とも城下の町となり、略して下町である。そういえば、現在は浅草付近を下町と呼ぶが、江戸時代の浅草は下町ではなく、郊外になる。水野忠邦《みずのただくに》が行った天保の改革で遊興施設の芝居小屋を潰《つぶ》す計画が上がったが、北町奉行の遠山金四郎が江戸の郊外（浅草）に移すことで回避したという。

職人番付で行司や勧進元《かんじんもと》（スポンサー）となっているのが、冠師《かぶりし》、具足師、轡《くつわ》師、弓師など武士に関係する職人ばかりなのは、庶民に関係ないからだろうか。刀鍛冶《かじ》が大関に入っているのは、庶民でも脇差《わきざし》くらならば持つことができたからだろう。

大工が大関になっているのはわかりやすい。江戸は火事が多く、常にどこかで普請《ふしん》が行われていたからだ。

また、普請現場では、大工の棟梁《とうりょう》が大工以外の職人、たとえば壁を塗る左官や屋根を葺《ふ》く屋根職人などを手配しており、そういった意味でも職人のトップになったのだろう。

このほかの順位は、誰が偉いとか、上手ではなく、どれほど人々にとって身近な職人なのかということを表しているようだ。

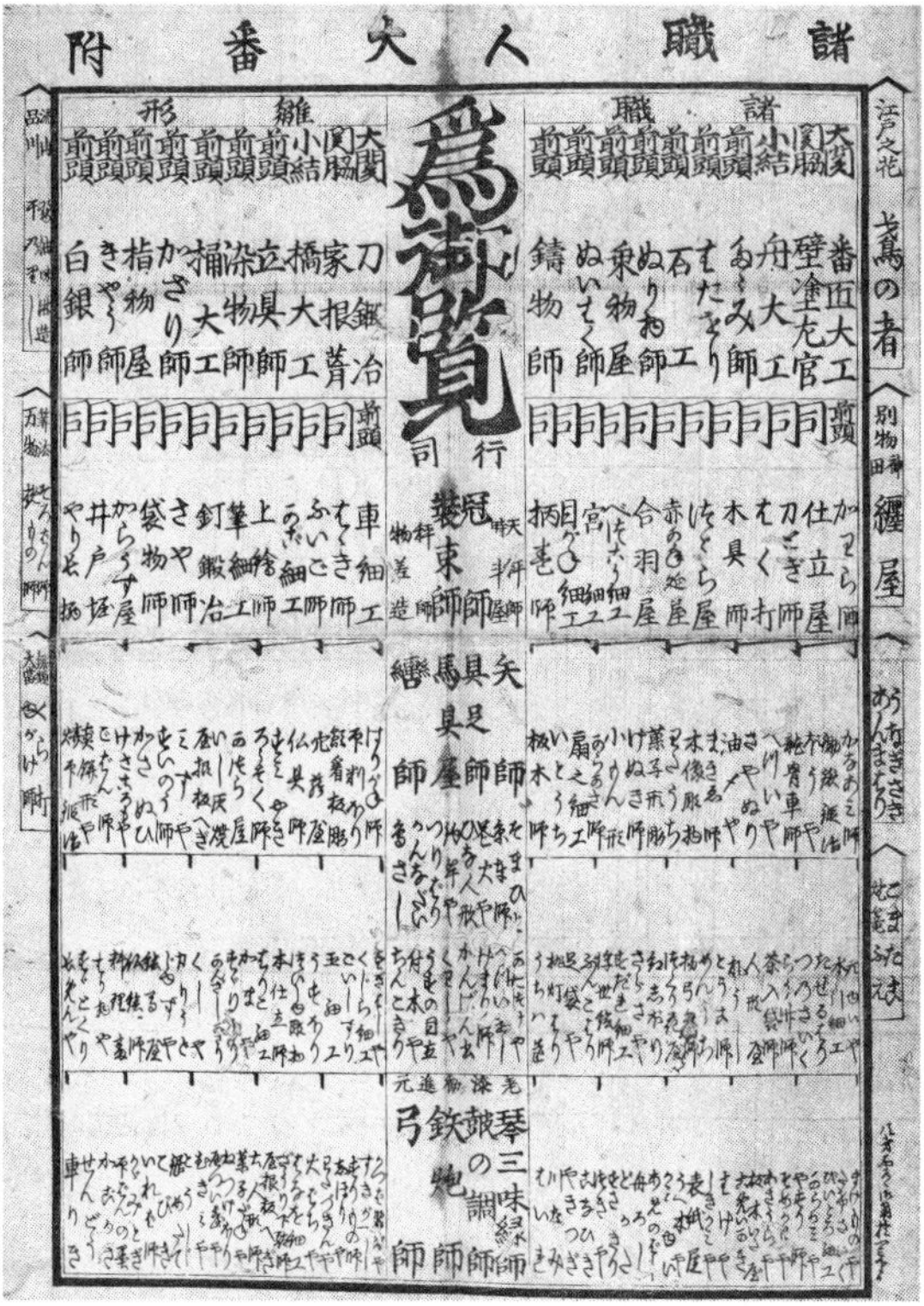

「諸職人大番附」（東京都立中央図書館蔵）

〈十一〉盲人

盲人の多かった江戸

かつて勝新太郎が主演を務めた『座頭市』をはじめ、盲人が時代劇や歌舞伎に登場する場面は意外に多い。冬場、江戸の町中は乾燥するために埃《ほこり》っぽく、このために目を病《や》んでしまう人が少なくなかった。盲人は髪を剃《そ》って僧侶の形《なり》をして箏《こと》、三味線《しゃみせん》、琵琶《びわ》などで音曲を奏《かな》でる。あるいは鍼灸《しんきゅう》・按摩《あんま》をして日銭を稼いでいた。明治の文豪・小泉八雲《こいずみやくも》の『怪談』に出てくる主人公の「耳なし芳一」も、弾き語りをする盲人の一人だった。

戦国乱世の天文《てんぶん》年間（一五三二〜一五五五）、公家の久我《こが》家が取りまとめ役となり、盲人の団体「当道座」がつくられ、幕府は盲人たちの生活や仕事を統制するために当道座を公認した。

盲人の一番下の位が座頭で、その上に勾当《こうとう》、さらに上が別当《べっとう》、最高位が検校《けんぎょう》である。もっとも単純な四段階ではなく細分化され、七十三もの階層になっていた。最高位の検校まで上り詰めると、僧侶の最高位の法印に並ぶほどとされ、紫衣《しえ》（高僧のみが着衣を認められる法衣《ほうえ》）が許されたという。盲人が持つ杖《つえ》は位《くらい》によって形が異なっていた。たとえば、一番下の座頭が持つ杖は上部に塗装された円球が付く「塗木玉杖《ぬりきぎょくじょう》」と呼ばれる物であった。その上の勾当・別当が「片撞木杖《かたしゅもくづえ》」という、現在でもよく見かける逆L字型の杖、最高位の検校は「両撞木杖」というT字型の杖だった。盲人たちが出会ったときに、手で杖を探り、形を確認し、相手の位が自分よりも上か下かを確認したそうである。

盲人の世界も金が物を言う

盲人の地位だが、芸道や鍼灸の腕を磨いて得られるというものではなく、やはり、金次第だった。盲人たちは昇進に必要な金をせっせと働き、手に入れていた。按摩の代金は、座頭の最下位「四度」では全身を揉《も》んで四十八文（約一千四百四十円。一文およそ三十円で計算。以下同）だが、座頭でも上位の一度なら一分（約三万円）。検校ともなると、べらぼうな値段となり、なんと七百九十両（九千四百八十万円）もしたらしい。まじめに働いていても手が出ない値段である。歌舞伎の『蔦紅宇津谷峠《つたもみじうつのやとうげ》』のように、盲人になった弟のために姉が吉原に身売りして百両の金を工面《くめん》する話もあって、金とは縁の切れないものである。

江戸時代、幕府は盲人たちに「座頭金」という高利貸しを許可していた。返済が滞《とどこお》れば、盲人たちが大挙して押し寄せ、声を張り上げて取り立てる。こうして得た金で盲人たちは自分の地位を手に入れたのである。中には、こうした高利貸しをして儲けた金で子供のために旗本の地位を手に入れた者もいる。

〈十二〉町人

本当の町人はごく一握りだけだった

大江戸八百八町に住む武士以外の人は、すべて町人と思ってはいないだろうか。実は大きな間違いで、古典落語に出てくる「八五郎」「熊五郎」といった裏長屋の住民は、正式には町人ではなかった。正式に認められる町人とは、江戸に屋敷を持っている「家持《いえもち》（地主《じぬし》）」だけだったのである。

もちろん、町人にも格付があった。家康が江戸入りする以前からの住民である樽屋《たるや》、奈良屋、喜多村の三家が町人のトップ「町年寄《まちどしより》」で、世襲だった。彼らを支配したのは町奉行である。町年寄は町奉行と家持の間にあって、町政全般を統括《とうかつ》。そのため日本橋本町に幕府から広大な屋敷が与えられていた。

町奉行所から触書《ふれがき》（命令書）が出されると、まず町年寄の屋敷に知らせが届く。町年寄は届いた知らせ「町触《まちぶれ》」を町年寄の役所に集めた「町名主《まちなぬし》」に伝えた。町名主は二百数人いて、一人が七〜八町を担当していた。町名主の仕事は、町触の伝達や人別調査、訴訟の取次、喧嘩《けんか》の仲裁、落とし物や捨て子、自殺人の処理や報告など多岐にわたった。

町名主の下にいたのが、「家守《やもり》（大家《おおや》）」である。家持は自分の土地を貸したり、そこに長屋を建てたりしたが、地代や店賃《たなちん》の徴収は、家守に任せていた。家守は、家賃の徴収だけでなく、町年寄から町名主を通じて伝えられた町触を店子《たなこ》と呼ばれる借地・借家人たちに読み聞かせる。犯罪人はむろん、法令違反者でも出そうものならば、町名主や家守も責任を問われ、無関係ではいられないからだ。このほか、貸家の修理なども家守の仕事だった。仕事があれやこれやで大変ではあるが、年を重ねてもできることから、家守の権利は高額で取引されていたという。権利といえば、共同トイレの汲《く》み取《と》りの代金は家守の役得だった。江戸時代、排泄物《はいせつぶつ》は肥料として人気で、江戸の近郊農家が作物や金と引き換えに定期的に引き取りにやってきた。

さて、ここまで家持が登場していないが、彼らもまったく何もしなかったわけではなかった。五人組を組織して持ち回り制で、町名主を補佐して町政に深くかかわっていたのである。

ちなみに、現在は誰でも見ることができる能は、江戸時代、武家以外は見ることができなかった。しかし、将軍宣下（将軍就任式）などの際に江戸城内で能が数日間開催されることになっていた。この最終日にはこうした町役人たちも招待された。町人となれば、江戸城に入る特権も与えられていたのである。

〈十三〉女性の名前

「子」のつく名前は天皇の娘

近頃、難しい漢字を使ったり、当て字を使ったりする名前、いわゆるキラキラネームを法で規制しようという動きが出てきた。キラキラネームとはやや異なるかもしれないが、突飛な名前は昔もあった。昔は鬼神に魅入られないよう、大切ではない子という意味で悪名をつけた。有名な例では、秀吉の子の幼名「棄」に「拾」である。

さて、これまで述べてきた通り、江戸時代は身分社会であり、女性の名前を見ただけでだいたいの身分がわかった。

「和子」「恵子」「陽子」……昭和時代に一世を風靡《ふうび》した「子」のつく名前だが、もともとは天皇家や公家の娘といった身分の高い女性につけられた名前である。平安時代、『枕草子』を綴《つづ》った清少納言が仕えていた定子《ていし》は、のちに摂政を務める藤原道隆《みちたか》の娘。『源氏物語』を執筆した紫式部が仕えていた彰《しょう》子《し》は藤原道長《みちなが》の長女と、貴族の中でもトップクラスの家柄のよさである。

下って、江戸時代でもやはり「子」がつくのは、平安期と同じように天皇や公家の娘が多かった。初代将軍の家康と二代の秀忠父子は、ともに正室が武家出身であったため、子のついた名前ではなかった。しかし、三代将軍以降の正室は皇族や公家の娘（養女を含む）で、すべて子のつく名前である。三代将軍の正室は鷹司孝子《たかつかさたかこ》、四代将軍の正室は顕子《あきこ》女王、五代将軍の正室は鷹司信子《のぶこ》、六代将軍の正室は近衛熙子《このえひろこ》、七代将軍の婚約者は吉子《よしこ》内親王、八代将軍の正室は理子《まさこ》女王、九代将軍の正室は増子《ますこ》女王、十代将軍の正室は倫子《のりこ》女王、十一代将軍の正室は近衛寔子《ただこ》、十二代将軍の正室は喬子《たかこ》女王、十三代将軍の正室は三人で鷹司任子《あつこ》・一条秀子《ひでこ》・近衛敬子《すみこ》（篤姫《あつひめ》）、十四代将軍の正室は親子《ちかこ》内親王（和宮《かずのみや》）、十五代将軍の正室は一条美賀子《みかこ》である。

一方、将軍の娘や大名の娘は子がつく名前ではなく、二音節で「福」や「松」「亀」など縁起のよい漢字を使用した名が多くを占めている。これは子を使った名前を遠慮したとされている。しかし、幕末になると忖度《そんたく》しなくなり、最後の将軍こと慶喜《よしのぶ》の娘は鏡子《きょうこ》や筆子《ふでこ》といった子がついた名前であった。同様に、大名家でも幕末には子のついた名前の女性が増えている。

では、庶民の場合はといえば、かめ、いと、きくなど二音節でかなの名前が多かった。そういえば、時代劇などで「おつる」「おつた」と呼ばれるが、これは名前に接頭語の「お」がついている。もちろん、「お」は名前の一部ではない。

〈十四〉火消

武家の火消

「火事と喧嘩は江戸の華《はな》」。江戸では「火消《ひけし》」の華やかな働きと派手な喧嘩が見物《みもの》であるという。実際、火事の現場では火消と喧嘩が付きものであった。火消たちが消火する現場を取り合うのだ。この陣取り合戦を理解してもらうため、江戸時代の火消の歴史とシステムを簡単に説明しよう。火事が起きれば、火消が駆け付けて消火活動を行うのだが、火災現場によって担当する火消が異なっていたのである。

たとえば、大名屋敷を担当するのは大名火消。寛永六年（一六二九）、幕府が大名十数家に火の番を命じたことに始まり、一万石に対して三十人の割合で火消を出させた。寛永二十年に火の番を四隊に組織し、正式に大名火消として発足した。さらに一万石以上の大名三家で一隊、合計九家からなる三隊に編成を替えた。慶安《けいあん》二年（一六四九）には大名家を十六に増やして一隊追加。こうした大名火消は、江戸城周辺の大手方、桜田方、二の丸、紅葉山《もみじやま》、吹上《ふきあげ》を担当。加えて江戸城外の浅草米蔵、本所《ほんじょ》米蔵、深川猿江材木蔵、増上寺、東照宮寛永寺、湯島聖堂の火消も担当した。これを所々《ところどころ》火消《びけし》といい、十万石以上の譜代大名家が任じられた。また、奉書火消といって、火事の時に老中からの奉書《ほうしょ》（伝達書）を受け取って火消を行う大名家もあった。

さらに、大名屋敷周辺を担当する組織もつくられた。これを各藩火消という。天和《てんな》元年（一六八一）、御三家をはじめ各大名家の義務とし、出動範囲を各大名屋敷から八丁四方、五丁四方、三丁四方などに分けたことから八丁火消、五丁火消、三丁火消と名づけた。近所火消とも呼ぶ。

方角火消という制度も設けられた。江戸城を中心に日本橋白銀丁通《しろがねちょうどおり》より芝口御門通《しばぐちごもん》（新橋）まで。芝口御門通より赤坂御門通まで。赤坂御門通より市ヶ谷《いちがや》御門通まで。市ヶ谷御門通より昌平橋《しょうへいばし》まで。そして、昌平橋より日本橋白銀丁通までと五方向に分け、担当する大名を決めて自家の範囲内で出火があれば、出動するシステムになっていた。ただし、自分の屋敷にまで火が回りそうな時には出て行かなくてよかったし、出動していても帰って自家の消火活動に加わってよいとされた。

ところで、歌舞伎や映画・テレビで人気だった「赤穂《あこう》浪士」はどうして火消装束を身に着けていたのか。赤穂浅野家が大名火消の中でもとりわけ有名だったからだという。浅野家の家臣なら夜中にうろうろとしていても火消のなりをしていたなら、どこかで火事があったのではと思い、何人も不審とは思わなかった。

武家地の火消にはもう一つ、定火消《じょうびけし》があった。慶安三年、幕府が火消役二人を任じたことに始まる。万治《まんじ》元年（一六五八）には倍の四人に増員し、それぞれに与力六騎、同心三十人、ほかに臥煙《がえん》と呼ばれる火消人足を採用した。しかし、これだけでは足らず、何度も増員され、最も多い時には十五組あった。その後、享保《きょうほう》五年（一七二〇）に町火消が編成されると、削減されていった。

町火消

町火消は町人地の消火を目的に結成された火消であり、正徳《しょうとく》五年（一七一五）できた店火消《たなびけし》を発展させたものである。隅田川以西の江戸市街地約二十町を一組にし、これを四十七組（のちに一つ増えて四十八）に分け、いろは四十七を組名にした。定火消は幕府が出資しているが、町火消は町人が費用を負担していた。

　最初は家主や店借が火消として出動したが、あまり役に立たなかったようだ。そこで、専門の人を雇って任せるようにした。彼らは、

江戸っ子に人気のあった火消姿に扮した歌舞伎役者の坂東彦三郎（「東京一二伊達競」東京都立中央図書館蔵）

火事のない時には鳶《とび》職として建築現場で働いたり、道路の補修やどぶさらいをしたりしていた。町火消は、トップの頭取《とうどり》以下、小頭、纏《まとい》持ち、梯子《はしご》持ち、鳶（平人）とに分かれている。

当初、町火消は町人地だけを担当していたが、やがて、武家地の火事にも出動するようになった。当時の消火は、水や薬品を使って火を消すのではなく、可燃物を取り除くという方法を採用していた。すなわち、破壊消火である。火の進む先の建物を壊して燃えないように取り除く。頭取は火の行く先を見極めて纏持ちに指示をして、火災近辺の建物に上らせる。この纏持ちが屋根に上がる行為が、その組がこの火事場を担当する宣言になった。と同時に、纏持ちの立つ位置から延焼させないという防御ラインにもなった。

武家地となれば、大名火消たちも出動していることもままある。そのため火事の現場で持ち場をめぐって喧嘩が起こることは日常茶飯事であった。支配の違う火消同士での喧嘩が、いつしか町火消同士の間でも起きるようになった。江戸の消火活動は、火消たちの名誉をかけたマウント合戦の戦場だったのである。

〈十五〉火事

江戸の三大火事とは

江戸はとても火事が多い都市であった。冬の間は小火《ぼや》を含め火事がない日はないといわれるほどであった。一説では、江戸時代二百六十四年間に大小合わせて千七百九十八件の火事が確認されている。記録に残されてないものを含めると、とんでもない数の火事が起こっていたことになる。江戸に湯屋が多かったのも、火事の原因となる火元を減らすために内風呂を造らせなかったからだ。

数ある火事の中で最も大きかったのは、明暦《めいれき》三年（一六五七）一月十八日に本郷（現在の東京都文京区）の本妙寺から出火した明暦の大火であろう。言い伝えでは、若くして亡くなった女性の振袖《ふりそで》を法要のため焼こうとしたところ、この振袖が風にあおられて舞い上がり、その火が次々と燃え移って大火になったという。このことから振袖火事とも呼ばれている。いったん鎮火したものの、翌十九日に最初の火元である本郷から近い小石川《こいしかわ》から再び出火。さらに夕方になって麹町《こうじまち》（東京都千代田区）から出た火は江戸城に燃え移り、天守などの建物を焼いた。この時、江戸城のほかに五百軒の大名屋敷、七百七十余りの旗本屋敷、四百町の町屋が焼け、十万七千四十六人が焼け死んだと伝わる。

二番目に大きかったのは、現在の東京都目黒区近辺から火の手が上がった行人坂《ぎょうにんざか》の大火である。明和《めいわ》九年（一七七二）に発生したことから明和の大火ともいう。二月二十九日、行人坂にある大円寺が火事になり、風にあおられて北へと広がって麻布《あざぶ》を焼き、遠く京橋や日本橋を通り、千住（現在の東京都足立区）の方まで広がり、小塚原《こづかっぱら》付近（現在の東京都荒川区）で鎮《しず》まったが、夕方に本郷から火が出て、北の駒込《こまごめ》（現在の東京都豊島区）を焼き、翌三月一日に御城の東の馬喰町《ばくろうちょう》（現在の東京都中央区）から三度火の手が上がったという。死者は一万四千人以上、山王《さんのう》神社や神田明神《みょうじん》、湯島天神、湯島聖堂など有名寺社が灰となってしまった。この火事は放火で、その犯人を鬼平こと長谷川平蔵の父親が捕まえた。そのおかげで京都町奉行に栄転している。

三番目に大きかったのは、文化三年（一八〇六）の大火だ。この年は、十干十二支でいうと丙寅《ひのえとら》であったことから丙寅の大火ということもある。火元は現在の港区高輪《たかなわ》二丁目付近にあった芝車町《しばくるまちょう》の材木座で、近くの薩摩《さつま》藩上屋敷や増上寺の五重塔を焼き、強風にあおられて、現在の東銀座（木挽町《こびきちょう》）や数寄屋橋《すきやばし》に飛び火、そこからさらに京橋や日本橋へも広がった。それでも火は止まらず、浅草方面まで延焼した。焼失家屋は十二万六千戸にも及んだという。

これら三つの火事を江戸の三大大火というが、このほかにも八百屋《やおや》お七《しち》で有名な火事もあった。これらを見立番付にした物が出回るほど、江戸では火事が多かった。また、言い方は変だが、火事は見立番付に載るほど流行《はや》っていたのである。

〈十六〉 農地

年貢を取るためのランキング

〈八〉でも説明したが、江戸時代、経済の中心は米であった。農民が支払う年貢《ねんぐ》と呼ばれていた税は、基本的に米で納めることになっていた。また、武士の禄《ろく》と呼ばれていた給料も米が取れる土地（知行地）、もしくは米そのものだった。金で支給される者もいたが、最下級の武士であり、庶民からバカにされたようだ。さらに、財政難に陥った幕府の財政を立て直すために新田開発に力を入れ、米の増産を図ったこともあって、八代将軍吉宗は「米将軍」と呼ばれた。

さて、この米を生産する田畑だが、実はこれにもランキングがあったのである。といっても、現在の土地の値段ように一坪《ひとつぼ》いくらといった売買価格ではない。あくまで年貢のためのものであり、収穫量の順位付けだった。

この収穫量を石盛《こくもり》といい、一反（約九百九十一・七平方メートル。小中学校の体育館の広さぐらい）あたり、どれぐらいの米を納めるかの基準になっていた。米がたくさん取れる土地であれば、石盛は高く、少なければ低い。

豊かな土地と痩《や》せた土地と同じ税率で年貢を課したのでは、さすがに公平ではない。江戸時代の農民たちは、先祖代々の土地を守って農業を営んでいたと思われがちだが、その土地を捨ててよそに行ってしまうこともあった。土地を捨てた農民は、江戸や大坂に出たり、ほかの土地で新たに農業に従事したりしていたのである。

米の収穫量を増やすには、耕作人が必要である。そのため、新規で農業に従事する人の年貢を数年にわたって免除する優遇処置を掲げていた藩もあった。逆に農民が流出してしまった藩では、逃亡の罪を問わないと提示して農民に戻ってくるよう呼びかけた。

石盛は藩ごとに異なっていたが、幕府の標準例をカウントダウンで紹介すると、上田《じょうでん》が最高位で、次が中田《ちゅうでん》、最下位が下田《げでん》。畑も同じように石盛が決められており、よく作物が取れる上畑《じょうばた》、続いて中《ちゅう》畑《ばた》、最後が下畑《げばた》になる。場合によっては、上田の上に上上田や下畑の下に下々畑が設定される場合もあった。

なお、このランキングは実際の収穫量から勘案されて決定するのだが、その時の担当者によって上下することがあり、これが原因で一揆が起こることもあったといわれている。

コラム

江戸の家賃

「江戸っ子」の定義はご存じだろうか。様々な説があるが、江戸時代の人気戯作者《げさくしゃ》の山東京伝によると、「金の鯱《しゃち》を睨《にら》んで」というのが、第一条件だ。金の鯱とは、江戸城天守の屋根上に載っている鯱《しゃちほこ》のこと。ただし、江戸城の天守は明暦三年（一六五七）の大火で失われて以来、再建されていない。宝暦十一年（一七六一）生まれの京伝は、江戸城の天守を見たことはなかった。よって京伝の言葉は天守があったら鯱を拝めた場所を指していると思われる。この場所が神田近辺のことらしい。先述したが、東京の下町というと今では浅草付近を指すようだが、当時は江戸城の下、神田や日本橋周辺を指していた。

江戸の町づくりは、江戸城のすぐそばに武家地を置き、その周辺に武士たちの生活を支える町人地を造った。特に江戸時代の前期、五街道の起点となる日本橋周辺には魚河岸をはじめ、芝居小屋に遊郭と繁華な街並みが形成されていた。芝居小屋や遊郭（吉原）は浅草にあったと思いがちだが、遊郭は明暦の大火後、芝居小屋は天保の改革で、当時は江戸の中心から遠かった、すなわち郊外の浅草に移動させられたのである。

御城の下で繁華な神田や日本橋付近は、江戸っ子にとって人気エリアであった。当然、家賃も

城「下」の「町」だった日本橋（『富嶽三十六景』国立国会図書館蔵）

高かったと思われる。

武士たちは幕府から土地を拝領し、そこに屋敷を建てて住んでいるので、家賃はいらない。かたや、庶民は土地を所有していないため、借地に建物を建てるか、長屋と呼ばれる共同住宅に住むかの、どちらかになる。

どちらにしても、人通りの多い表通りは高く、一本中に入った裏通りは安い。落語に出てくる大工の八さんや熊さんは、こうした裏長屋に住んでいた。裏長屋の間取りは間口九尺（約二・七メートル）奥行二間（約三・六メートル）という、俗に九尺二間の広さの住居が一般的だった。入口に三尺の土間があり、小さなへっつい（かまど）と流しが設《しつら》えてあり、残りのスペースとなる四畳半が居住空間だった。時代や立地によって違いはあるが、文政年間（一八一八～三〇）にこの間取りで、月に八百文から千文、現在の円で三万円ほどになった。

幕末になると、江戸城の鯱を拝める場所の家賃が高騰し、庶民には手が届かなくなった。こうなると、都心から郊外へ人口が流出するドーナッツ化現象が起きるが、借り手がいないと貸家を管理する大家の実入りが減ってしまう。大家にとっても死活問題になるため、あの手この手で空き室が出ないように奮闘したという。

第四章　江戸の格付事情【見立番付篇】

〈一〉見立番付の流行

江戸時代の様々なランキング

「○○ランキング」「カウントダウン○○」など、テレビやラジオで順位を紹介する様々な番組がいつの時代にも存在している。どうやら、多くの日本人はランキングが気になるようだ。

これは、今に始まったことではなく、江戸時代には、「見立番付《みたてばんづけ》」と呼ばれる刷り物が流行した。そもそも番付とは力士の順位を一枚の紙で表した物。この番付に様々なテーマを当てはめるという遊びが見立番付だ。相撲《すもう》の番付のまねをするので、まずテーマの事柄を東西二つに分け、最上段に大関、関脇《せきわけ》、小結《こむすび》、前頭《まえがしら》といった相撲でいうところの幕内力士を並べ、二段目は幕外力士待遇の事柄を記載する。その後、三段目と順位が下がるにつれて字が小さくなっていく。

江戸の後期を代表する文人の大田南畝《おおたなんぽ》は、安永《あんえい》五年（一七七六）に見立番付と思われる刷物が作られ流行《はや》ったと記録するが、現物は残っていない。以後、文化・文政《ぶんせい》年間（一八〇四～三〇）になると、江戸で爆発的なブームになった。

なぜ、この文化・文政時代に見立番付が流行したのかといえば、出版事業が盛んになったのもさりながら、何より一枚仕立てで作成するのにお手軽だったからであろう。江戸のほか、もともと出版物が大量発行されていた京都や大坂、それに名古屋や金沢といった地域で、見立番付は話題になっていった。

番付の内容は作られた地域によって異なり、江戸時代に経済の中心であった大坂では、長者番付が盛んに刷られている。また、実用的なネタが多いのも大坂の特徴で、古くは寛政《かんせい》時代（一七八九〜一八〇二）から明治十八年（一八八五）まで毎年のように発行されていた名医ランキングは鉄板ネタで、大坂に一万人以上いた医師の中から選《え》りすぐった百人から五十人が紹介された。

また、大坂は天下の台所と呼ばれていただけに、「大日本産物相撲」や「諸国産物大数望」といった全国の名産物をランキングした番付が盛んに作られている。江戸時代、大坂が商都として君臨していたことがよくわかる一事だ。大坂近郊である灘《なだ》や伊丹《いたみ》（ともに兵庫県）は酒どころであったため、酒の番付も多く作られている。

一方の江戸では、「江戸じまん名代名物ひとり案内」という、江戸の名店を紹介する番付をはじめ、「江戸前大蒲焼《かばやき》」「会席献立《こんだて》料理通」といった市内にあった本格的な料理店を紹介するものが数多く作られた。今でいうミシュランのような刷り物や、B級グルメといった料理番付を江戸っ子たちは楽しんだようだ。

〈二〉江戸の五つ星

高級料亭の流行

江戸時代は、食文化が大きく変わった時代であり、今につながるものが出てきた時代であった。

まずは、それまで二回であった食事が三回になったこと。これは明暦《めいれき》の大火で焼け野原になった江戸を復興させるために集められた人たちが、朝夕の一日二食では足らず、昼にもう一食プラスしたことに始まったともいう。この時、彼らの空腹を満たしたのが、明暦三年（一六五七）に営業を開始した料理屋といわれる。しかし、この料理屋がすぐ人気になったわけではない。浅草近辺では当時、奈良茶飯という米と豆をお茶で炊いた飯に副菜をつけて提供する、今でいう定食屋のような茶屋が主流であり、その後、きちんとした食事のできる本格的な料理屋が増えていった。

やがて、文化・文政期になると、ぜいたくな料理が好まれるようになり、八百善《やおぜん》や平清《ひらせい》といった高級料亭が生まれ、大田南畝や谷文晁《たにぶんちょう》、酒井抱一《さかいほういつ》といった文人たちに利用された。今でも会合そのものより、その後に催《もよお》される飲み会が楽しみという人も多いと思うが、当時は、そうした集まりを高級料亭で開いていたのである。

「魚盡見立評判第初輯　文久元年酉秋新板　会席献立料理通」（東京都立中央図書館蔵）

ちなみに八百善でお茶漬けを頼んだところ、半日待たされたあげく、代金として一両二分を請求された。現在の値段で十八万円ほどになる。茶を淹《い》れる水を多摩川まで汲《く》みに行ったので、時間と金がかかったからだという。

ランキング好きな江戸っ子たちは、このような高級料亭が掲載された見立番付を楽しんだが、八百善や平清は勧進元（スポンサー）や行司といった別格扱いになっている。ほかとは比べることができないほどの名店ということなのだろう。

〈三〉 菓子屋

徳川家康の家臣が始めた菓子屋

江戸時代中頃の元禄《げんろく》時代は、世の中が安定して豊かになり、上方《かみがた》の商人を中心とした華やかな文化が開花した。この影響もあって、砂糖を使ったいろいろな菓子が作られるようになった。当時、砂糖は輸入品であり、その代金として大量の金や銀、銅が海外に流出することになった。八代将軍徳川吉宗《よしむね》は、その対策として日本国内で砂糖を作ることを奨励《しょうれい》、こうして和三盆《わさんぼん》と呼ばれる国産砂糖が生産されるようになった。

砂糖が市場に出回るようになった結果、砂糖を使った菓子を売る店が増えた。江戸に数多くあった菓子屋の中で最も格式が高かったのは、幕府御用達《ごようたし》の「大久保主水《おおくぼもんと》」だといわれている。主水は家康に仕えた三河《みかわ》武士であり、一向一揆との戦いの最中、鉄砲の玉が腰に当たって落馬。その後、歩行が不自由となった。なぜ、菓子作りを選んだのかは不明ながら、主水は戦《いくさ》に出られなくなった代わりに御菓子司となり、餅《もち》や菓子を徳川家に献上することになった。その後、主水は家康に認められ、六月十六日、江戸城に登城する大名や旗本らに将軍が菓子を配る儀式「嘉祥《かじょう》の儀」の仕切役を任じられている。子孫は代々にわたって主水を名乗り、御菓子司を務めた。

菓子とは関係ないが、主水は江戸の水道事業にもかかわっており、今も千代田区鍛冶《かじ》町付近に主水河岸《がし》の名が残っている。水が濁《にご》るのは都合がよくないからか、正式な呼び名は「もんど」だが、濁らず「もんと」になったそうだ。

横行する偽りの官職名

菓子屋の中には武士と同じように官職名を持っている店があった。室町《むろまち》時代の創業以来、令和の今も営業している羊羹《ようかん》で有名な「虎屋」はその代表格である。虎屋は「近江大掾《おうみだいじょう》」という官職名を持っていた。ほかにも官職名を与えられた菓子屋はいくつもあった。これは三門跡《さんもんぜき》と呼ばれる勧修寺《かじゅうじ》、仁《にん》和寺《なじ》、大覚寺《だいかくじ》といった皇族が住職を務める寺院が、菓子職人に官名を与えたことに始まる。

菓子職人が下賜《かし》された官名は官位制度と同じく一代限りだが、代替わり時に勝手に世襲する者がいた。それればかりか、三門跡以外の寺院や公家が官職名を与えることが横行した。官職名を名乗れば、他店よりも格が違うことを世間にアピールでき、売上にもつながる一方、公家や寺院にとっては許状を出す礼が馬鹿にできない額であり、互いに好都合であったからだ。

持ちつ持たれつであるため、その後も三門跡以外が許状を発し、私称する者も後を絶たない状況は続いた。幕府は再三にわたって触《ふれ》を出して取り締まったが、さしたる効果はなかったようだ。

〈四〉死後の世界

先祖に格式の高い戒名を追位

バブル時代の話であるが、亡くなった親のために「院殿大居士《いんでんだいこじ》」という「戒名《かいみょう》」をもらうのに何百万円も支払ったという話を耳にしたことがある。当時は（今も？）、金さえ積めばこうした最高級の戒名を手に入れることができた。

実を言えば、この戒名、本当は死後にもらう故人の名前ではない。本来は生前に仏門に入り、授《さず》かる二文字が戒名（法号）である。死後、社会的貢献が高かった人に院や院殿といわれる院号や宗派別の尊法号・道号がつき、その次に法号があり、一番下に階層や性別を表す位号《いごう》（大居士、居士、大姉《だいし》、信士《しんじ》、信女《しんにょ》、童子《どうじ》、童女《どうにょ》、孩子《がいじ》、孩女《がいにょ》など）がつく。これらをひっくるめて、現在では一般的に戒名と呼んでいるのだ。

法号の上につく最高ランクの院と院殿は、本来は両者に上位はなかったという。それが室町幕府初代将軍の足利尊氏《あしかがたかうじ》が「等持院殿《とうじいん》」と称して以来、室町幕府だけでなく江戸幕府においても、歴代将軍が院号の院殿を冠した戒名になったという。

このことから江戸時代には院殿号が最高位の戒名となり、院号より一段格上のものであると考えられるようになったといわれている。

本来、戒名は限られた者だけがつけるものであったが、それが庶民、しかも家長でない者にも普及し始めた。庶民の戒名は信士や信女であったが、普及するにつれて居士や大姉などを用いる例が散見されるようになった。

幕府はこうした動きを快く思わず、天保《てんぽう》二年（一八三一）、町人や農民が、院号や居士などの戒名をつけることは身分不相応と禁止。さらに墓標の大きさや葬式の規模を規制する御触が出されたが、なかなか守られなかった。

それどころか、江戸時代後期になると、経済力をつけた格式の低い家が寺に多額の志納金《しのうきん》を納めて先祖の墓を建て直し、より高いクラスの戒名を追位してもらうことが盛んに行われるようになった。盛大な葬儀や立派な墓標と戒名は、地域での経済力や一族の中での地位を表すアイテムとなり、規制が厳しくなっても聞き入れることはなかなかできなくなったようである。

江戸時代は武家はもちろん、商家などでも後継者について高い関心が向けられるようになり、若年であっても跡継ぎが亡くなった際は、童子、孩子といった戒名がつけられるようになったという。

墓を見ればその人の地位がわかる

墓参に行くと、よく見かける「〇〇家代々之墓」と刻まれた墓石。これは幕末になって造られるようになった墓の形式であり、さほど古くはない。江戸時代中期ぐらいまでは、墓は個人個人で造るものであった。しかも、一定程度の身分のある者にしか持つことができなかった。家族の中でも当主は墓を造ることができたが、妻や幼くして亡くなった子ども、部屋住みと呼ばれた次男や三男は、今、現代人が目にする墓石の立つ墓は持つことができなかったのである。

江戸時代も後半になり、庶民も墓石のある墓を造るようになった。墓石にも格があり、最も高いのが宝塔である。これは徳川歴代将軍、その正室、将軍の生母、成人子女、紀伊徳川家、御三卿《ごさんきょう》だけが使用することができた。その次が中世からの伝統を持つ五輪塔や宝篋印塔《ほうきょういんとう》で、僧侶の墓として建てられることが多い無縫塔《むほうとう》なども格式が高い。その後、五輪塔と宝篋印塔との折衷《せっちゅう》型の塔形の墓が目立つようになった。大名家では、立場の低い側室や子息女は、上部に笠のような石が載る笠塔婆《かさとうば》型、角柱形や櫛形《くしがた》の墓石が多くなる。

また、一族の中でも違いがある。本家の当主の墓が宝篋印塔や五輪塔の墓石だった場合、分家の当主は五輪塔よりも格下の笠塔婆。家族たちは櫛形や不定形などを造る場合が多い。跡継ぎだった子の墓は舟形や台付丸彫形など、大人の墓と違う形状も見受けられる。

さらに、大名同士の墓が同じ寺にある場合、大名の格によって墓の造りが替えられた。たとえば、東京都港区芝の金地院《こんちいん》は、南部家の菩提寺《ぼだいじ》である。本家の盛岡藩南部家と八戸《はちのへ》藩南部家の墓が並んでおり、当主の墓は両方とも伊豆石《いずいし》を使用した五輪塔だ。しかし、盛岡藩南部家の墓には石柵と門に石段があるが、八戸藩南部家にはない。また、同じ金地院には遠野《とおの》南部家の墓があるが、本藩の家老職の家柄のためにランクが下がり、墓石は五輪塔ではなく宝篋印塔である。こうした細かい造作《ぞうさ》にも本家と分家の差があった。

なお、ほかの形式の大名の墓もあった。たとえば、前田家の場合は神式で、鳥居が設けられている。また、幕末の土佐《とさ》藩主の山内容堂《やまうちようどう》のように古墳を模した墓も多く造られた。

身分によって、おおよその墓の形が決まっていたものの、中には既成の墓石では満足せずに、個性的な墓石を造る人も現れた。こうした墓石を造ったのは、茶人、学者といった文化通が多い。彼らによって墓石文化が花開いたからこそ、多様な墓石が造られるようなったのであろう。

〈五〉大食い大会の流行

江戸のとんでもない大食い自慢たち

大量の料理を食べるテレビ番組の人気は根強く、ユーチューブでも大食いジャンルの投稿は多い。実のところ、こうした大食いは今に始まったものではなく、江戸時代にも数多くの大会が開かれていたという。

その中で最も有名なのが、文化十四年（一八一七）に柳橋《やなぎばし》（現在の東京都台東区。JR浅草橋近辺）の料亭「万八楼《まんぱちろう》」で行われた大食い大会であろう。なぜ有名なのかといえば、当時の流行作家である曲《きょく》亭馬琴《ていばきん》が編集した随筆集『兎園小説《とえんしょうせつ》』にその様子が明記されているからだ。

これによると、武士・商人・農民など身分に関係なく、約二百人の大食い自慢が集結。ただし、みんなが同じ物を食べるのではなく、「菓子の部」「蒲焼鰻《かばやきうなぎ》の部」「飯の部」「そばの部」「酒の部」に分かれて、それぞれが競い合った。

まずは、菓子部門の猛者《もさ》は「饅頭《まんじゅう》五十個、羊羹《ようかん》七棹《さお》、薄皮餅《うすかわもち》三十個」を食べたとある。これだけ食べると、口の中がもごもごする、もしくは甘ったくなるのか、茶を十九杯も飲んでいる。ほかにも、

「今坂もち（中に餡の入った小判形の餅）を三十個、せんべい二百枚、梅干し二升、茶を十七杯」という記録もある。この部門は決められた菓子を食べるのではなく、自分の好きな菓子を食べたようだ。

続く蒲焼鰻の部はなぜか量ではなく「一両二分」という金額で記されている。一両を今のお金で十二万円ぐらいとすると、だいたい十八万円分の鰻の蒲焼を食べたことになる。うなぎの専門店で現在、鰻の蒲焼は一枚三千円程度だろうか。この額で計算すると、五十四枚食べたことになる。考えるだけで胃もたれがしそうな量である。

飯の部では、「ごはん六十八杯と醤油《しょうゆ》二合」を平らげた人や「ごはん五十四杯と青唐辛子《あおとうがらし》五十八本」を食べた人もいた。そばの部門は「六十三杯」が一番多く食べた記録だが、岩手県が有名なわんこそばで百杯以上食べたという話はよく聞くので、いまいちのような気がしてしまう。

残りの酒の部は、「三升入りの盃《さかずき》に六杯半、つまり二十升近くの量」を飲んだところで倒れてしまったが、しばらくして目を覚《さ》ますや、水を十七杯も飲んだという。ほかにも「五升の盃で一杯半飲んだ」時点で棄権した人もいた。この人は帰る途中で昏倒《こんとう》したところを家族に発見され、大事に至らなかったという。大量のアルコールを摂取すれば、急性アルコール中毒になりそうなものだが、当時の酒は今の酒よりアルコール度数が低かった。そのせいか、八升一合を飲んだ後に、ごはんを食べ、歌い踊った酒豪もいた。

〈六〉人気おかず

安かったマグロの大トロ

見立番付の中には料理茶屋や高級遊女など庶民にとって高値のテーマも多かったが、身近な題材も少なくなかった。その最たるものが「日々徳用倹約料理角力《すもう》取組」なる「おかず番付」である。ちなみに、この番付は江戸で発行されたものとなる。江戸は大量の白米を少しのおかずで食べるという食習慣であった。「たくあん漬け、ぬかみそ漬け、梅干し」などのいわゆる漬物類はあえて行司役。「味噌、醬油、塩」といった調味料類は勧進元となり、ランキングには組み込まれていない。

まず、東西を精進方《しょうじんがた》（野菜類）と魚類方に分けて、ランキングしている。江戸で一日に千両の金が動くところは、遊女のいる吉原に芝居小屋が立ち並ぶ芝居町。それと、日本橋にあった魚河岸《うおがし》。このうち、吉原と芝居町は単価が高い。遊女と遊べるのは大金持ちぐらいだし、歌舞伎見物にも衣装代やら弁当代やらでかなりの出費となる。それらと魚河岸が並び称されたということは、いかに江戸の人々が魚を食べていたかが、よくわかるだろう。そういえば、今では築地《つきじ》から豊洲《とよす》へ移った魚河岸だが、当時は日本橋だけではなく、現在のＪＲ田町駅（東京都港区）付近にもあり、落語の「芝浜」の舞

『日本橋魚市繁栄図』(部分)には大きなマグロを二人がかりで担ぐ姿が描かれている(国立国会図書館蔵)

台となったのは、こちらの魚河岸である。

さて、トップテンに三品もランクインしているイワシは、安価で庶民の味方だった。一番人気が「めざし」。ご存じの通り、イワシを丸のまま干した物で、火であぶればすぐに食べることができる。単身男性が多かった江戸では、こうした簡単に食べることができるおかずが人気だったようだ。二位の「貝のむき身と切干《きりぼし》大根の煮物」は、手がかかっているように思えるが、貝のむき身だけを売りに来る行商人がいて、こうした商人から買えば下準備がいらず、簡単に料理することができた。マグロも

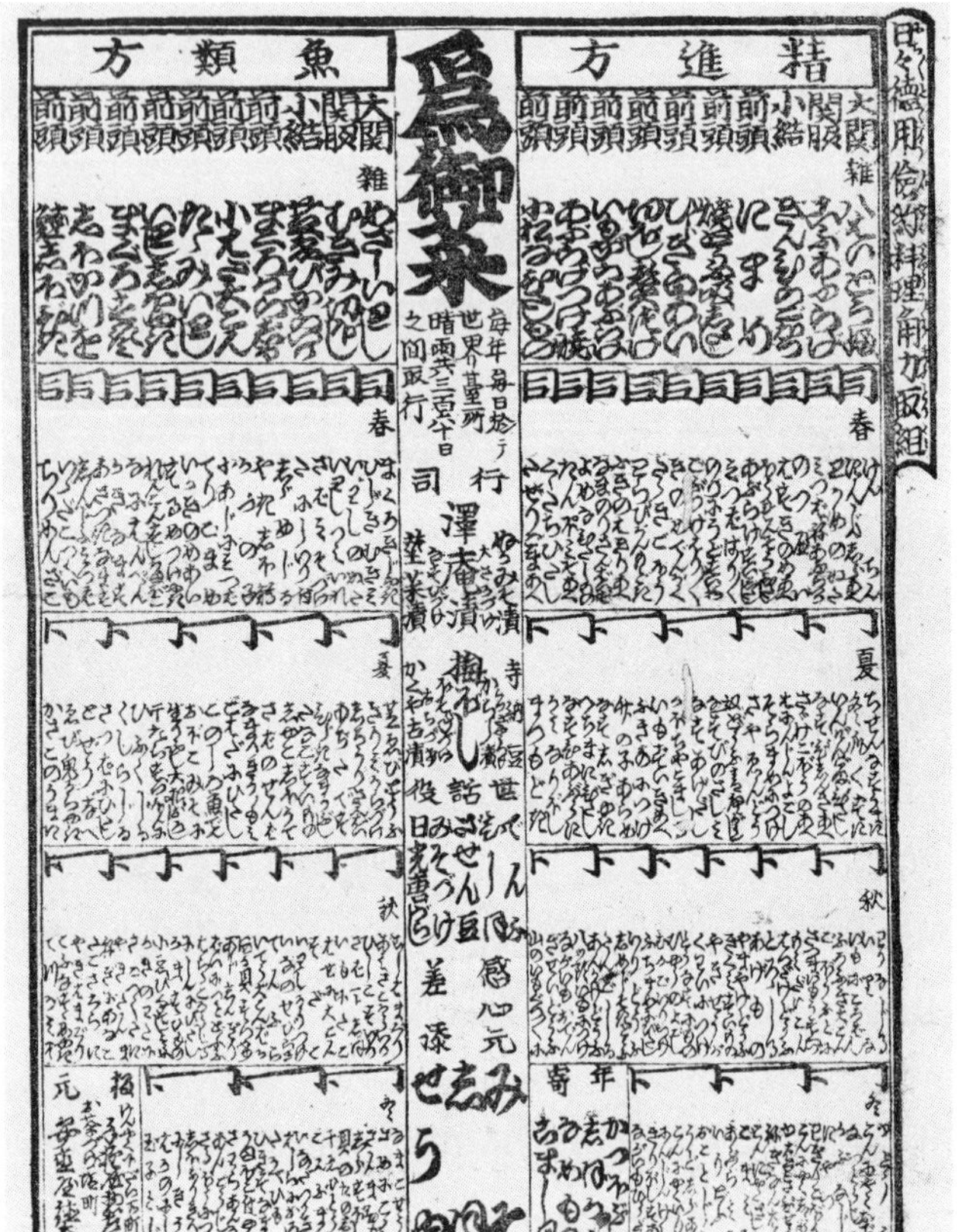

「日々徳用倹約料理角力取組」（東京都立中央図書館蔵）

ランクインしている。今でこそ、高級すし店で頼むと一貫何千円というとんでもない値段がつくマグロだが、江戸時代は人気がなく、安い魚の代表格であった。今では脂《あぶら》ののった大トロが人気だが、その脂が不人気の原因だった。だから、ランキングにも生ではなく、「みそ汁」として入っていた。もっとも当時は冷凍技術が発達していなかったので、すしにする場合でも醤油に漬《つ》けた「ヅケ」にしている。

一方の精進は、「八杯豆腐」が第一位。拍子《ひょうし》切りにした豆腐を醤油と酒と水で煮て、最後に大根おろしを上に置いた物。煮る汁が醤油一、酒一、水六で合計八杯になることから八杯豆腐と呼ばれるようになったという。現在でも豆腐はいろいろな料理に使うことができる食材として人気だが、江戸時代にはレシピ集『豆腐百珍』がベストセラーとなるほど、身近な食材であった。当時の豆腐は、現在の物よりも大きく、必要な分だけ切り分けてもらい、購入が可能だった。そのためか、ランキングの中にも「ひじきの白あえ」が入っている。加えて油揚げなど豆腐の加工品を使用した料理も数多くランクインしている。江戸の人々は、魚や豆腐からタンパク質を摂取していたことがよくわかる。

油脂の摂取量が少なく、一見すると健康的な食事だが、淡白な白米を大量に摂取するために塩気が必要だったらしく、多くの漬物を食べていた。こうした漬物を長期間保存するには、当時の技術では多くの塩を使用するしかなかった。そのうえ、白米は玄米についている米ぬかを取り除く作業が必要となる。この米ぬかにはビタミンB_2が含まれているが、これが不足するとかっけという病気になる。重篤《じゅうとく》化すると命を落とすこともある病気であり、体によさそうな江戸の食事は栄養学的に見ると、不足するビタミンもあり、とても完全食とはいえなかったようである。

〈七〉宿泊施設

大名よりも旗本の方が優先される

江戸時代後半になると、庶民でも五穀豊穣《ごこくほうじょう》や病気平癒《へいゆ》の祈禱《きとう》などの理由をつくり、旅行に出かけるようになるが、ひとえに交通網がきちんと整備されていたからだ。慶長《けいちょう》五年（一六〇〇）、家康は関ヶ原の戦いで勝利すると、翌年には江戸と京都を結ぶ街道「東海道《とうかいどう》」の整備に乗り出した。手始めに、馬や人で旅客や物資などをリレー方式（伝馬《てんま》）で送るための拠点になる宿駅を置いた。翌年には中山道《なかせんどう》にも宿駅を設置、その後、奥州道中、日光道中といった街道を次々に整備していった。この宿駅伝馬制度は本来、幕府の御用のために設けられたため、幕府の使用時は無料であったが、お金を払えば大名や庶民も使用することができた。そのほか、距離の目印となる一里塚《いちりづか》の設置、河川《かせん》を越えるための渡船《わたしぶね》や川越《かわごし》（人足《にんそく》）も整備して、人々が安心して旅する環境を整えていったのである。

さて、宿場には将軍や幕府の御用で出張する役人が宿泊する施設として、「本陣《ほんじん》」が設けられた。本陣というと、参勤交代での大名の定宿のようなイメージが強いが、元来は幕府の御用のために設置された施設である。使用できる順位でいうと、何十万石の大名よりも、わずか数千石の旗本の方が上だった。つまり、幕府の御用で旗本が宿泊している本陣に大名は泊まることができなかった。大きな宿場では、「脇本陣」という本陣の控えの宿泊施設があり、大名はそちらを利用した。本陣が一軒しかない場合は、うまく譲り合ってトラブルを回避したようだが、大名が宿泊できないように意地悪をする旗本もいたという。

庶民の場合

本陣や脇本陣は、あくまで武士が公用で使用する宿泊所であり、それ以外の人々には宿泊を受け付けていない。そこで庶民は食事のついた「旅籠《はたご》」や、自炊前提の「木賃宿《きちんやど》」を利用する。東海道の場合、本陣が百十一軒、脇本陣が七十三軒であったのに対し、旅籠は東海道全体で約三千軒あったという。

旅籠にも種類があり、飯盛女《めしもりおんな》と呼ばれる女性が客引きを行い、給仕をし、夜の相手もするという旅籠も多かった。幕府は飯盛女を置くことを万治《まんじ》三年（一六六〇）に禁止したが守られず、元文《げんぶん》五年（一七四〇）に一軒につき二人まで許可をしたが、これも守られなかった。もちろん、女性やお色気接待を必要としない人も多かった。そこで、文化元年（一八〇四）に「浪花講《なにわこう》」という旅人が安心して泊まれる旅籠の組合をつくった。組合の旅籠は、店先に「浪花講」の看板を掲げ、安心して宿泊する宿をアピールしたのである。その後、こうした取り組みは五街道をはじめ、脇街道など全国に広がっていった。

〈八〉駕籠と乗物

駕籠より格式の高い輿

多くの方は、箱形の座席の前後に柄《え》を付けて複数の人が担いで運ぶ乗り物を「駕籠《かご》」と呼ぶが、実は身分に応じて形状や呼び名が違った。

駕籠に似た「輿《こし》」という乗り物がある。これは天皇や公家《くげ》が使用し、駕籠が箱形の上部に渡した柄を肩で担ぐのに対して、柄の上に人が乗る部分を作り、担ぎ手は自分の腰付近で柄を握って運ぶ。のちに特別に許された武士も使うことができるようになった。桶狭間《おけはざま》の戦い時、今川義元が輿に乗ってきたのは、新興の織田信長に自分との格の違いを見せつけるためだったといわれている。

江戸時代にも、将軍や御三家は輿の使用を許されていたが、普段は駕籠を使っていた。

駕籠と乗物の違い

この駕籠という名称だが、大名など身分の高い人の乗用具は駕籠ではなく、「乗物《のりもの》」といった。駕籠と乗物との違いの明確な線引きはないが、前後に通した柄の下に末広がりの屋形をつけ、その屋形の側面が引き戸になっているのが乗物である。その後、幕府は乗物と駕籠の違いを明確にするため、駕籠は柄の部分を短くし、定紋《じょうもん》を描くことを禁止している。

身分の高い人が使用した乗物だが、幕府では武家諸法度によって乗物の使用者を制限した。これによると、乗物を使用できるのは、公家、門跡《もんぜき》（高位の寺院の主僧）、徳川一門（御三家・御三卿・親藩）、国持大名、六十歳以上の者、奥女中、医師、病気の者となり、のちに国持大名の世子や城持一万石以上にも使用可能と大幅に条件が緩和されている。

最も豪華な乗物は将軍用。屋形の部分は網代張《あじろば》り、溜塗《ためぬ》りにして担ぐ部分の柄は黒塗りであった。大名の場合は屋形の下部が黒塗りで上部が網代になっていた。大名の夫人が使用する女乗物は、蒔絵《まきえ》を施したり、定紋をつけたりするなど華美だった。このほか、大名がお忍びで出かける時に使用した「御忍《おしのび》駕籠」、藩の留守居役《るすいやく》などが使用した「御留守居駕籠」は、駕籠といいつつもそれなりに豪華であった。

庶民が使用する駕籠も様々な種類があり、人が乗る部分の上に屋根をつけただけで覆いのない「山駕籠」や、山駕籠に四本の竹柱をつけて茣蓙《ござ》で囲った「四《よ》つ手《で》駕籠」は庶民が使用する代表的な駕籠であった。

〈九〉牢屋

武士の場合

階級社会であった江戸時代は、悪事を働いてぶち込まれる「牢屋敷」も身分によって分かれていた。現在の無期懲役《ちょうえき》に相当するのが「永牢《えいろう》」になるが、これ以外に禁固刑はなく、永牢になる者自体が少ない。刑が確定すれば即実行されるので、日本橋小伝馬町《こでんまちょう》にあった牢屋敷は刑務所というよりも未決拘置《けっこうち》の容疑者を収監する拘置所に実態は近かった。東京メトロ小伝馬町駅付近にある十思《じっし》公園は牢屋敷跡地で、石垣や井戸の遺構が発見されている。

罪を犯した大名や五百石以上の旗本は牢屋敷には入れられず、幕府が指定する大名や親戚筋に預けられる。そこで切腹を命じられることもよくあった。

五百石以下の旗本は評定所《ひょうじょうしょ》で罪を認めて切腹すれば、病死として家の相続が認められる。たいていの場合は、家の存続のために切腹する道を選ぶが、中には罪を認めない者もいた。罪を認めなければ「揚座敷《あがりざしき》」に入れられ、薬をあおって病死となる。大名や旗本の家臣や御家人は「揚屋《あがりや》」へ。もっとも武士の場合は評定所に呼び出された時点で、「病死する」、つまり自死することが多かった。

武士以外

揚座敷は旗本のほかに格式の高い神官や僧侶も収監した。また、御家人用の揚屋には普通の神官や僧侶も入れられた。町人は「大牢《たいろう》」、無宿者は「二間牢《にけんろう》」、のちには農民が入る「百姓牢」もできた。女性が入る「女牢《おんなろう》」は、揚屋の中に設けられていた。

当時は刑を確定させるのに自白が絶対条件だったので、自白しないで長い間、牢に入っている者もおり、そうした囚人たちの中から牢内役人（高盛役人《たかもりやくにん》）が選ばれる。そのトップである牢名主《ろうなぬし》が、大牢など収容人数の多い牢内を仕切っていた。

どのように牢内を仕切っていたかというと、新しく牢に入ってきた者は、まず裸にされ、キメ板と呼ばれる板で尻を叩かれ、牢名主の前に引き据えられる。牢内に金を持ち込むことがないように、町奉行所の役人に細かく調べられるが、その取り調べをかいくぐり、隠し持っていた「ツル」（金のこと）を牢名主に差し出す。この金額に応じて牢内での居心地が決まる。牢内では朝夕の二回、玄米四合五勺《しゃく》と一日三十文の別料金で味噌や菜が付いた一汁三菜の食事が出されるが、この配分は牢名主の胸先三寸。横取りされることも多かった。寝る場所も牢名主に決定権があり、新参者はされるがままであった。

〈十〉江戸の名湯

今の名湯もランクイン

先述したが、江戸時代後半には多くの人が旅に出るようになった。ただし、物見遊山《ものみゆさん》といった観光目的では、なかなか通行手形、現代のパスポートのような通行証を発行してもらえない。通行手形がないと、関所などの通過時に身元不明者となり、不便はもとより、面倒を強《し》いられることになる。そこで、五穀豊穣祈願のために有名な寺社にお参り、病気治療のために湯治《とうじ》といった口実で手形の発行をお願いすることが一般的だった。

銭湯好きな江戸っ子は、言うまでもなく温泉も好きだったようで、「諸国温泉効能鑑」なる見立番付がある。これによると、東のトップは草津《くさつ》温泉（群馬県草津町）。「お釈迦《しゃか》様でも草津の湯でも惚《ほ》れた病《やまい》は治りゃせぬ」とうたわれるほど、恋の病以外ならどんな病にも効《き》くとされていた。二位が那須《なす》（栃木県那須市）、三位が諏訪《すわ》（長野県諏訪市）、四位が湯河原《ゆがわら》（神奈川県湯河原町）、五位が足《あし》の湯（神奈川県箱根町）など、今の人気ランキングと見まごう温泉地が並んでいる。

西では、有馬《ありま》温泉（兵庫県神戸市）が第一位である。豊臣秀吉が好んだとされ、黒田孝高《くろだよしたか》が息子に一週間に十一回も入ったと手紙で自慢した名湯である。このように有名人が愛したからか、江戸時代には、ほかの温泉よりも格が高かったとされる。以下、城之崎《きのさき》（兵庫県豊岡市）、道後《どうご》（愛媛県松山市）、山中《やまなか》（石川県加賀市）、阿蘇《あそ》（熊本県阿蘇市）と、こちらも現代でも大人気の湯泉が名を連ねている。

病気療養のための湯治は建前であっても、番付では各温泉が効能をうたっている。たとえば、那須、有馬、道後は諸病。城之崎は万病。湯河原は打ち身と切り傷。諏訪は眼病などバラエティーに富む。変わったところでは、湯川尾（伊香保《いかほ》。群馬県渋川市）の子授《こさず》けがある。

江戸時代は、黒田孝高のように少なくても一週間程度、場合によっては数カ月逗留《とうりゅう》して入浴する人が多かったという。当然、それだけ長く滞在するとなると、経費削減のために自炊が一般的であった。時代が下るにしたがって、現在のように料理を提供するような宿に短期間だけ滞在する人が現れる。短期間でも遠出をして温泉につかることはよい気分転換になったようである。

〈十一〉寺社仏閣

領地の広さで格付

江戸時代の人々は、現代人よりも信心《しんじん》深かった。当時、医師にかかるのには、高価な薬代を負担しなければならず、庶民はおいそれとは医師に診療してもらうことができなかった。よって、普段から病気にならないよう神仏に手を合わせ、病気になれば早く治してほしいと願ったのである。

また、江戸の場合は、一年中、どこかの神社仏閣で縁日やお祭りが行われていた。こうした縁日やお祭りを見物しても、持ち出しはせいぜいお賽銭《さいせん》ぐらいですむ。境内《けいだい》や門前で売っている縁起物を買い、門前の茶屋で茶を飲んだとしてもさして金額はかからないので、江戸の庶民や江戸に出てきている勤番武士と呼ばれている各藩の藩士たちはこぞって、こうしたイベントを楽しんだ。

江戸の人々にとって身近な存在であった「神社仏閣」にも見立番付が作られている。その番付だが、ご利益《りやく》があるランキングや人出の多い少ない神社仏閣のランキングではなく、なんと石高のランキングだった。この見立番付はとても売れたようで、拾遺《しゅうい》、続集も作られている。

都会では、ビルの谷間に鳥居や寺があるが、かつて神社仏閣は広大な領地を所有していた。この寺社領だが、必ずしも寺社が立つ地やその周囲だけではなく、離れた地にもあり、関西や東京近郊や近畿圏の地図をよく見ていると、江戸時代に寺領であった土地が結構ある。

見立番付はご存じの通り、東西に分けてランキングを記載する。相撲の番付では右側が東で、左側が西。それに倣《なら》えば西は西日本、東には東日本の神社仏閣が紹介されていると思うが、この見立番付に限っては東西の別がなく、右側が神社で、左側が寺になっていた。また、行司と書く個所に「伊勢」と入っており、伊勢神宮はランキングに入れることができないほどの別格であった。その下には高野《こうや》山《さん》が記載されていて、寺部門の別格代表ということだろう。

寺側のトップは、大和国《やまと》（現在の奈良県）の興福寺《こうふくじ》の二万一千百十九石。奈良時代から平安時代にかけて絶大な権力を誇った藤原氏祖の鎌足《かまたり》の妻が創建した藤原氏の氏寺である。一方、神社の一位は同じく大和国の春日社《かすがしゃ》（春日大社）の二万二千石。こちらは興福寺の守り神として創建された。これはかつて神仏習合といい、日本固有と神の信仰と融合することにより、仏教を広めようとした名残《なごり》である。よって、興福寺と春日社は二つで一つともされ、双方合わせて四万石以上を誇り、大名でいえば、城持格並みの領地を有していたことになる。

寺の部門二位は、江戸の東叡山《とうえいざん》こと上野の寛永寺《かんえいじ》の一万三千石、三位が江戸の増上寺《ぞうじょうじ》の一万石余。この二寺は徳川家の廟所《びょうしょ》があることでも有名だ。この後、三井寺《みいでら》、醍醐寺《だいごじ》、東大寺、大徳寺、東寺《とうじ》、相国寺《しょうこくじ》、東福寺、知恩院など現在も関西の名刹《めいさつ》とされる寺が続く。それらを抑えて寛永寺と増上寺の

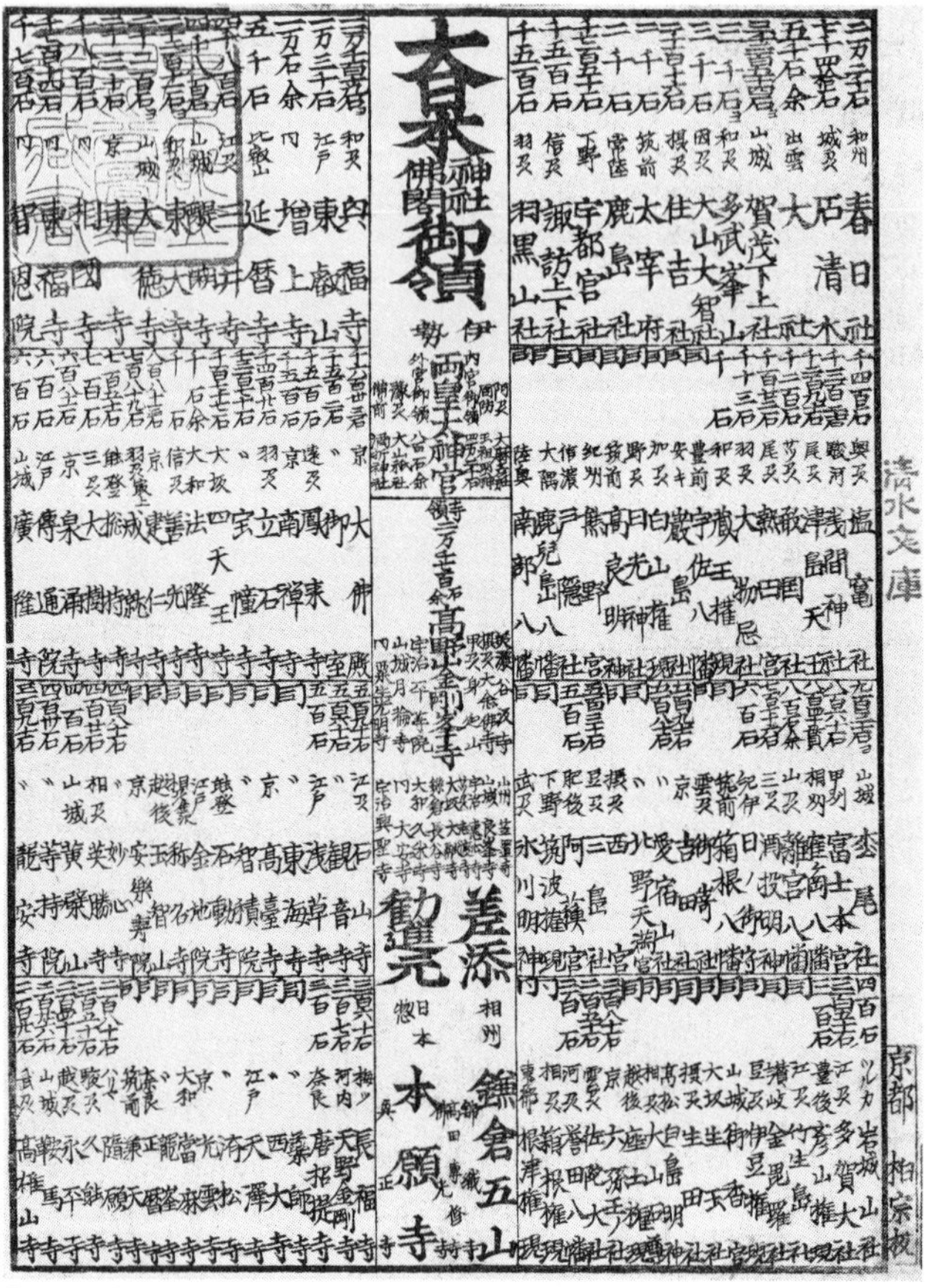

「大日本神社佛閣御領」（東京都立中央図書館蔵）

二位、三位のランクインは、徳川家の菩提寺《ぼだいじ》としてそれだけ特別扱いされていたという証拠であろう。

また、徳川家康ゆかりの鳳来寺《ほうらいじ》（愛知県新城市）、歴代徳川将軍の位牌《いはい》が安置されていることで有名な大樹寺《だいじゅじ》（愛知県岡崎市）、徳川家康の生母を埋葬するために造られ、その後も徳川家の子女たちが葬《ほうむ》られた伝通院《でんづういん》（東京都文京区）など徳川家関連の寺がランクインしている。

一方の神社は、三位に出雲《いずも》の大社《おおやしろ》（出雲大社）、八位に太宰府《だざいふ》（太宰府天満宮）、以下、常陸《ひたち》鹿島社（鹿島神宮）、宇都宮社《うつのみや》（宇都宮二荒山《ふたらさん》神社）、諏訪上下社《かみしもしゃ》（諏訪大社）、羽黒山社《はぐろさん》（出羽三山《でわさんざん》神社）、陸奥塩釜《むつしおがま》社（鹽竈《しおがま》神社）、浅間《せんげん》神社（富士宮本宮浅間大社）など、寺とは違い全国各地の有名どころの神社がランキングに入っているのは、それだけ地元の人々の信仰を集めていたということだろうか。

コラム

意外や意外な番付

相撲の番付に見立ててランキングする見立番付は、様々な種類が作られ、そのごく一部を第三章や第四章で紹介した。しかし、本文で紹介するのは「ちょっと」と思われる題材も数多い。たとえば、「いらぬものといらぬこと」の番付は、行司役に不忠の奉公人・不孝の子と書かれている。右側がいらぬことで、去年の暦《こよみ》や大食大酒などがランクイン。左側はいらぬものとして、喧嘩の野次馬や死んだ子の年、居候が取り上げられている。

また、「くりづくし」という番付がある。これは丹波篠山《たんばささやま》（兵庫県）や筑波山《つくばさん》（茨城県）など栗の名産地のランキングかと見てみれば、奥州はかたくりで、桑名ははまぐりと、「くり」を含んだ言葉のランキングとなっており、何とも肩透《かたす》かしものである。さらには、「天保改革風刺番付」という、幕府に見つかったらただではすまされないであろう番付もある。

ストレートに「面白いものと面白くないもの」を比べた番付もあり、面白い方には向島《むこうじま》の花盛、浅草の地内や吉原の中が入っている。向島は隅田川沿いにあり、今も昔も桜の名所として有名な場所。花盛というのは、桜の見ごろを指しているのだろう。浅草は当時、江戸で一、二を争う盛り場であった。吉原は江戸時代最大の遊郭があったところである。一方の面白くないものに江戸大地震が入っているのは、安政《あんせい》二年（一八五五）に起きた江戸の大地震のことを指しているのだろうか。雷の音もランクインしており、江戸の人は私たち以上に自然災害を恐れていた。そのほか、人込みのこやし桶《おけ》や渡舟の馬など、江戸の人々の生活をうかがわせるものもあった。吉原といえば、幕府公認の色街は吉原と新地と島原の三カ所しかないはずなのに、なぜか日本各地の色街の番付がある。さすがに、色街、もしくは岡場所と名づけられなかったようで、「諸国遊所競」とごまかし気味なタイトルだ。

江戸時代も歴史好きは多かったらしく、「籠城競」というテーマで難攻不落の堅城を東西に記載。現在の城郭研究家も納得しそうな美濃稲葉山《みのいなばやま》、雲州富田《とだ》城（月山《がっさん》富田城）などのラインアップが並ぶ。戦国乱世をテーマにした番付では、「高名功名手柄鏡」など、戦《いくさ》で手柄を立てた武将たちをランキングした番付もある。

調味料が一般に普及した江戸時代。そのような世の中を意識したのか、「関東醤油《しょうゆ》印譜」「関東醸造家番付」といった「しょっぱい」醤油の番付が作られている。醤油はもともと関西発祥だが、江戸っ子に好まれ、幕末になると関東で盛んに製造されており、醤油の人気ぶりを示す証左になる。

おわりに

日本人はとてもランキングが好きな国民である。テレビのバラエティーや音楽番組では、手を替え品を替え、様々なテーマのランキングを紹介している。ネットの世界でも同様である。

こうした国民気質は、昨日今日で始まったわけではなく、江戸時代にはすでにその萌芽を見ることができる。本書の第四章で紹介した「見立番付」が、それである。当時の出版状況は、一度に刷れる印刷枚数が、数千程度だといわれている。それ以上になると、版木が摩耗《まもう》してダメになってしまうからだ。見立番付は色付きの物はほとんどなく、白黒が中心。当時、白黒の瓦版が一部四文、およそ百二十円で売られていたから、ほぼ同じような価格で販売されていたのだろう。四文で買えた商品の代表例が串団子。現在も一本百数十円だ。大した金額ではない物は粗末に扱われがちなので、少部数でなおかつ、大切にされてこなかった見立番付が、現代にまで伝えられていることが、実は奇跡的なのかもしれない。こうした見立番付を本文中で取り上げたが、頁数に限りがあるため、これぞと思われるテーマを厳選した。何が面白いのか、いったいなんのランキングなのか意味がわからないものや、いろいろと問題があって令和の時代には紹介がはばかられるものもあったが、よくこれだけ考えたものだと感心するばかりである。本文で取り上げたのはごく一部だが、楽しんでいただけたらと思う。

一方で、朝日新聞社が提供する現代用語事典『知恵蔵』に「女性同士が容姿やファッション、仕事や出産など様々な場面においてお互いに格付けし合い、自分の優位性を誇示することを『マウンティング』と呼ぶとあり、数年前には「マウンティング女子」が流行語になったのをご記憶だろうか。この互いの格付のし合いも、江戸時代に端を発するといえそうだ。

何せ、幕府に仕えた武士、すなわち幕臣たちは自分がどの程度か、自身の価値を思い知らされる場面がままあったからだ。とりわけ、正月、大名が新年の挨拶で登城する際は自領ではトップとして君臨していても、城内ではそうはいかないということを嫌《いや》というほど思い知らされる。どの部屋で将軍が出てくるのを待つのか、どの部屋でお目通りするのか、部屋の中で何番目に座るのか……などなど、自分の位置を常に意識することになる。日本人は他人と比べたがる民族らしいが、その原因の一端は、江戸時代のこうしたシステムがＤＮＡに沁《し》みついているのかもしれない。

一見、華やかな生活を送っていたように見える大名が、様々な場面で自分の格付を意識させられる。また、どちらが先に徳川家の家来になったかとマウントを取り合うこともあったようだ。これは旗本など幕臣や各藩の藩士なども変わらない。こうしたことに苦労していた武士の悲哀を、少しでもご理解していただけたらと思う。

本文内でも触れたが、誰もが知る赤穂事件は、こうした格付とマウンティングが引き起こした事件だといえるかもしれない。五万石の城持大名の浅野からすれば、自分よりも官位が上であるにせよ、旗本でしかない吉良の振る舞いが鼻持ちならなかったのかもしれない。幕府が滅亡したのは百五十年以上も前のことで、言うまでもなく取り巻く環境は当時と大きく様変わりしているはずだが、人間の根本的な部分は、意外と変わっていないようだ。

時代劇や時代小説をより楽しむようにと執筆した『江戸のお勘定』と『江戸の給与明細』がご好評をいただき、こうして第三弾の刊行に漕《こ》ぎ着けることができました。毎回、原稿の上がりが遅く、編集担当の松森敦史氏にはご心配とご迷惑をおかけしました。伏してお詫び申し上げるとともに、心よりお礼を申し上げます。

また、『江戸のお勘定』の監修を引き受けてくださった大石学先生。『江戸の給与明細』と本書の監修者である安藤優一郎先生。お二人には改めて御礼を深く申し上げます。とくに、安藤先生には本書の原稿が大幅に遅れてご迷惑をおかけしたのにもかかわらず、快く原稿を見ていただき、本当にありがとうございました。思えば数年前、某勉強会で先生の講演を拝聴し、ご挨拶したのが、初お目見え。その折にはお仕事でご一緒するなど夢にも思ってもみなかったことなので、こうした機会を与えていただき、感謝しております。

何よりも本書のほか、『江戸のお勘定』『江戸の給与明細』をお手に取ってくださった方、さらにお買い求めくださった方々に心より御礼申し上げます。少しでも面白いと思って、お読みいただけたら、これに優る幸せはありません。

令和五年七月

加唐亜紀

参考文献

童門冬二著『忠臣蔵の経営学　大石内蔵助と赤穂藩〝倒産〟』学陽書房人物文庫
秋山高志・前村松夫・北見俊夫・若尾俊平編『図録　農民生活史事典』柏書房
林英夫・青木美智男編『番付で読む江戸時代』柏書房
平井聖監修『大名と旗本の暮らし』学研
山本純美著『江戸の火事と火消』河出書房新社
石川英輔著『大江戸番付事情』講談社文庫
安藤優一郎著『大名格差　江戸三百藩のリアル』彩図社
安藤優一郎著『徳川幕府の資金繰り』彩図社
鈴木理生著『家主さんの大誤算』三省堂
竹内誠監修／大石学・小澤弘・山本博文編『江戸時代館』小学館
中田節子著『大江戸なんでもランキング』小学館
中江克己著『江戸の躾と子育て』祥伝社新書
新人物往来社編『大江戸役人役職読本』新人物往来社
新人物往来社編『日本史に出てくる官職と位階のことがわかる本』新人物往来社
新人物往来社編『日本史に出てくる組織と制度のことがわかる本』新人物往来社
稲垣史生著『町奉行』新人物往来社
油井宏子著『江戸奉公人の心得帖　呉服商白木屋の日常』新潮新書

山本博文監修『大奥列伝』世界文化社
石川理夫著『温泉の日本史』中公新書
宮崎克則著『逃げる百姓、追う大名』中公新書
小野武雄編著『江戸物価事典』展望社
児玉幸多編『日本史小百科 宿場』東京堂出版
安藤優一郎著『参勤交代の真相』徳間文庫カレッジ
安藤優一郎著『お殿様の人事異動』日経プレミアムシリーズ
市岡正一著『徳川盛世録』平凡社
深井甚三著『江戸の宿』平凡社新書
福田千鶴著『春日局』ミネルヴァ書房
笹間良彦著『江戸幕府役職集成』雄山閣
大石学監修『江戸時代の「格付け」がわかる本』洋泉社
大石学著『大岡忠相』吉川弘文館
関根達人著『墓石が語る江戸時代 大名・庶民の墓事情』吉川弘文館
野口朋隆著『江戸大名の本家と分家』吉川弘文館
藤井正雄著『戒名のはなし』吉川弘文館
藪田實・柳谷慶子編『身分のなかの女性』吉川弘文館
山本英貴著『旗本・御家人の就職事情』吉川弘文館
『日本国語大辞典』小学館

『日本歴史大辞典』小学館
『日本史小辞典』山川出版社
『国史大辞典』吉川弘文館

その他、各種ホームページ、パンフレット等を参照に致しました。厚く御礼を申し上げます。

MdN新書
052

江戸《えど》の格付《かくづけ》事情《じじょう》

2023年8月11日　初版第1刷発行

監　修　安藤優一郎《あんどうゆういちろう》

発行人　山口康夫
発　行　株式会社エムディエヌコーポレーション
〒101-0051　東京都千代田区神田神保町一丁目105番地
https://books.MdN.co.jp/
発　売　株式会社インプレス
〒101-0051　東京都千代田区神田神保町一丁目105番地
装丁者　前橋隆道
帯画像　表：『千代田之御表』「御流レ」〈部分〉（東京都立中央図書館蔵）
表裏：『金吹方之図』〈部分〉（国立公文書館蔵）
DTP　アルファヴィル
印刷・製本　中央精版印刷株式会社

カスタマーセンター
万一、落丁・乱丁などがございましたら、送料小社負担にてお取り替えいたします。
お手数ですが、カスタマーセンターまでご返送ください。

落丁・乱丁本などのご返送先
〒101-0051　東京都千代田区神田神保町一丁目105番地
株式会社エムディエヌコーポレーション　カスタマーセンター　TEL：03-4334-2915

書店・販売店のご注文受付
株式会社インプレス　受注センター　TEL：048-449-8040 ／ FAX：048-449-8041

内容に関するお問い合わせ先
株式会社エムディエヌコーポレーション　カスタマーセンターメール窓口 info@MdN.co.jp
本書の内容に関するご質問は、Eメールのみの受付となります。メールの件名は
「江戸の格付事情 質問係」としてください。電話やFAX、郵便でのご質問にはお答えできません。

Editor 松森敦史

ISBN978-4-295-20596-8　C0221

MdN新書
日本史

歪められた江戸時代
時代劇は嘘八百、江戸の歴史は大正時代に脚色された！
古川愛哲

都市計画家 徳川家康
天下人の地形利用術。江戸には選ばれる理由があった
谷口 榮

江戸のお勘定
江戸のかけ蕎麦は480円！ 物価から見える江戸っ子の暮らしぶり
大石 学 監修

地名と歴史から探る江戸
「江戸東京」を探る。東京の見方が変わる歴史探偵書
古川愛哲

江戸の給与明細
貧乏侍の年収四十万円！ 武士と庶民の給与大百科
安藤優一郎 監修